EL DESCUBRIMIENTO DE JESÚS

OTRA MIRADA A LOS AÑOS PERDIDOS DE CRISTO

DR A. T. BRADFORD

Las citas bíblicas de esta publicación han sido tomadas de la Reina-Valera 95®
© Sociedades Bíblicas Unidas, 1995. Utilizado con permiso.

Copyright © 2010 Dr. A T Bradford
Segunda Impresión 2011
Traducción: A Perrem, R Stobart, C Cumming
Todos los derechos reservados. Ninguna parte de esta obra podrá ser reproducida, guardada en un sistema de recuperación de datos o transmitida en ninguna forma o por ningún medio, sin la previa autorización del editor.

Arte de la Cubierta: "Ícono de Pantocrator" del Monasterio de Santa Catalina, Sinaí, un ícono Bizantino mostrando la naturaleza dual de Jesús, tanto celestial como humana, por medio de una imagen facial partida.

Le debo gracias a D Perrem por su trabajo editorial, M Leader por su ayuda con el diseño de la cubierta y, como siempre, a mi esposa Gloria.
Publicado por Templehouse Publishing, Londres, Inglaterra.

www.templehouse-publishing.com

ISBN 978-0-9564798-4-6

El autor puede ser contactado por medio de: info@templehouse-publishing.com

El Descubrimiento de Jesús

Otra Mirada a los Años Perdidos de Cristo

Introducción	La Misión de este Libro, Reseña Literaria, Evidencia	5
Capítulo 1	La Reacción Provocada por Cristo	15
Capítulo 2	La Vida en Palestina en el Siglo Primero, Los Planes del Templo de Herodes	19
Capítulo 3	José	29
Capítulo 4	María y el Nacimiento de Jesús	40
Capítulo 5	'*Didaskalô*' - Uno de los Más Altos Títulos de Respeto	49
Capítulo 6	¿Un Carpintero sin Educación?	56
Capítulo 7	Jesús el Rabí	62
Capítulo 8	El Contacto Posterior de Jesús con su Primo, Juan el Bautista	69
Capítulo 9	La Elección de los Discípulos del Rabí Jesús	76
Capítulo 10	Jesús y el Sanedrín	85
Capítulo 11	Las Autoridades Observan y Esperan	92

Capítulo 12	El Doctor de la ley- Combinando la Intimidad con el Poder de Liderazgo	98
Capítulo 13	Los Fariseos Recurren a Medidas Desesperadas	111
Capítulo 14	Lázaro y los Últimos Días antes del Arresto	115
Capítulo 15	La Entrada a Jerusalén	120
Capítulo 16	Los Días Finales de Jesús como *Didaskalôs*	126
Capítulo 17	La Identidad de Jesús	132
Conclusión	La Ausencia de Sacrificios Personales y Ofrendas en la Vida de Cristo	139
Bibliografía		144
Notas Finales		146

Introducción

La Misión de este Libro

¿Hay algo que se pueda decir confiadamente acerca de Jesucristo después de 2000 años? Al acercarme al estudio de las biografías de los Evangelios deseo ofrecer una perspectiva médica de las narrativas, y contemplar el involucramiento humano desde una perspectiva psicológica. ¿Qué es lo que motivaba al Rey Herodes el Grande? ¿Son las reacciones psicológicas extremas de la jerarquía judía hacia Jesús consistentes con las posturas modernas sobre la identidad de Cristo? ¿Porqué había tanto entusiasmo para seguirlo en los primeros días de su ministerio? ¿Es su conducta documentada consistente con una persona de educación un tanto limitada?

Mientras reflexionaba en éstas y otras preguntas, se me hizo claro que había otra posible perspectiva de la vida de Cristo, una perspectiva que no parece haber sido presentada antes, pero que da respuesta a las anteriores y muchas otras preguntas acerca de la vida de Cristo, mientras que permanece fiel a los textos Bíblicos.

Es la intención de este libro explorar la identidad de Jesucristo desde la perspectiva de sus contemporáneos y la manera en la que se relacionaban con él, y al basarse en los relatos canónicos [1] y testimonios del manuscrito del primer siglo después de Cristo, para ver si, quizá, él fue más que simplemente un maestro itinerante inculto. Buscaré resaltar ciertas verdades basadas en los textos originales de los evangelios en griego que examinan quién era Jesús desde el punto de vista de José, su padre terrenal; porque es en ese contexto que Cristo hubiera sido comprendido por la sociedad en la que vivía. Al hacer esto las ideas tradicionales acerca de la humanidad de Cristo serán examinadas y se presentará una propuesta alternativa. Me enfocaré particularmente en momentos específicos donde posiblemente la importancia de quién José era (y en consecuencia, Jesús), y lo que significó para su propia gente, pueden haberse perdido.

Lo que puede ser aprendido de otra evidencia histórica, tal como la de Josefo, el historiador judío y romano del primer siglo, será mencionado en este contexto porque contiene información sumamente importante. La pregunta de por qué la reacción psicológica de los líderes judíos hacia Jesús fue tan violenta será considerada, así como por qué fue que Cristo fue consistentemente tratado como una persona de tanta importancia en la sociedad a la que pertenecía.

Las fuentes primarias serán los biógrafos de los Evangelios del primer siglo. Los manuscritos posteriores, tales como el *Evangelio de Tomás* y otros manuscritos parecidos descubiertos sobre Jesús, tienden a revelar más sobre las diferentes ramas del cristianismo en el tiempo de su composición, que sobre Jesús durante su vida, por lo que los dejaremos a un lado a favor de la evidencia de los manuscritos del primer siglo.

Es importante recordar que los Evangelios a considerar fueron escritos para convencer a sus lectores sobre la verdad acerca de la vida de Jesús y para proporcionar evidencia sobre las afirmaciones que él hizo. Para poder entenderlos en plenitud, es necesario aferrarse a los textos, como fueron escritos, y considerarlos desde la perspectiva de la sociedad judía del primer siglo. Solamente así se revela completamente y en verdad la persona humana de Cristo. Sin esa perspectiva, nos arriesgamos a proyectar nuestros propios prejuicios sobre la persona de Cristo y todo lo que él hizo y enseñó. Este libro reexaminará la evidencia del primer siglo y buscará la verdad que ha estado quizá oculta debajo de la superficie. Es mi esperanza que el reevaluar los textos originales mejorará nuestra comprensión de lo que siempre ha estado presente dentro de ellos.

Hay muchas preguntas que son difíciles de contestar sobre el hombre Jesús. ¿Porqué su enseñanza no fue descartada por las autoridades religiosas de los judíos como irrelevante? ¿Qué había en Cristo que provocó una reacción tan vehemente de parte de la jerarquía judía, de tal forma que los grupos más dispares, como los fariseos (maestros devotos de la Ley judía), y Herodianos (judíos que tomaron el lado del gobierno respaldado por los paganos romanos) tuvieran una causa común (Marcos 3:6) en contra de él? ¿Por qué fue que, incluso después de la muerte de Cristo, un devoto académico judío llamado Saulo se sintió tan llevado a erradicar su enseñanza que estaba dispuesto a viajar hasta Siria con la autorización de los sacerdotes principales en Jerusalén (Hechos 9:2) para ocasionar la muerte de los seguidores de Cristo?

Ya que vivió en una sociedad estrictamente gobernada, ¿cómo pudo Jesús expulsar a los cambistas de dinero y los vendedores de animales para sacrificio en dos ocasiones diferentes (Mateo 21:12 y Juan 2:15) sin ser arrestado por los guardias del Templo? ¿Quién era el padre terrenal de Jesús, José, y qué impacto tuvo su vida sobre la de Cristo? La falta de información disponible ha llevado a muchos autores a crear ideas diversas sobre Jesús - el "verdadero" Jesús. ¿Es posible que la evidencia de la identidad humana de Cristo haya estado siempre presente, pero oculta, dentro de los mismos Evangelios? Y los 18 años "perdidos" de la vida de Cristo que no son descritos en los Evangelios ¿han de ser un misterio después de todo? ¿Pudiera ser que algunas de las preguntas tienen, de hecho, una respuesta muy simple?

Yo soy un médico de medicina formado en el estudio de la psicología humana y llevo décadas estudiando la Biblia. Confío en que este libro pueda arrojar una luz tan fresca como fidedigno-histórica sobre la persona de Jesús. En lugar de colocar mis ideas preconcebidas en su historia, he usado el conocimiento que tengo tanto en historia como en psicología para iluminar parte de los datos biográficos de Jesús que están presentes en los textos originales. Espero que esto sea tan interesante e instructivo para quienes lean esto como ha sido para mí, y que Jesús pueda ser recordado nuevamente como el hombre que sus contemporáneos sabían que era.

Reseña Literaria

En los años recientes ha habido un crecimiento en el interés popular en el hombre conocido como Jesús de Nazaret. Ha sido representado de diferentes maneras; como un campesino analfabeto de Galilea (recientemente, por el autor John Dominic Crossan), y como miembro de una sociedad secreta judía (por el académico del siglo XVIII, Karl Bahrdt). Ha sido visto como un carpintero itinerante (como en la película de Franco Zeffirelli, *Jesús de Nazaret*) y como un hombre normal y corriente que estaba casado con María Magdalena (como en la novela de Dan Brown, *El Código DaVinci)*.

¿Quién era exactamente Jesucristo, como hombre? ¿Un carpintero? ¿El hijo de un carpintero?

La búsqueda del Jesucristo histórico se remonta a los teólogos alemanes de finales del siglo XVIII, quienes comenzaron lo que llegó a conocerse como el método "histórico-crítico". Para poder reconciliar la nueva "razón" del periodo de la Ilustración con el compás más "espiritual" de los siglos anteriores, abandonaron el tradicional enfoque en la exégesis basado en la fe. Los autores que buscaron el "Jesús histórico" en estos momentos iniciales de este campo, Johann Jakob Bess y después Heinrich Paulus, propusieron una "no-aceptación" de los elementos sobrenaturales de la Escritura, tales como los milagros. Al sentirse obligados a desechar la dimensión espiritual de la vida de Cristo, intentaron encontrar una explicación convincente y la llevaron a lo que el teólogo Alber Schweitzer llamó "la marca de la razón". [2] *La Vida de Jesús* de David Friedrich Strauss (c.1828) estableció un hito para tal erudición y autoría: para Strauss, lo que no podía ser explicado por la razón, en el contexto del pensamiento racionalista que se había desarrollado a su alrededor, era rechazado como leyenda. Una falta de aceptación de lo sobrenatural resultó en la priorización de ideas científicas o sociológicas por encima del concepto de una relación espiritual con lo divino. La figura de Jesucristo fue despojada de sus poderes milagrosos, y sus sanaciones y milagros fueron representados como mitos. De esta manera, a lo largo de varias historias como la de Strauss, Jesús fue reducido simplemente a un hombre inspirador que posiblemente tenía, ambiciones mesiánicas. Otros dijeron incluso que él fue simplemente una obra literaria, una ficción, o un hombre bueno que involuntariamente fue adjudicado con características divinas por los escritores de los Evangelios.

No voy a detenerme demasiado en el contenido de todas las publicaciones sobre este tema, pero quiero señalar que cuando los autores proponen sus reconstrucciones histórico-críticas, como el Papa Benedicto XVI ha dicho, el lector puede, "ver inmediatamente que, en lugar de descubrir un ícono que ha sido obscurecido a lo largo del tiempo, son mucho más como fotografías de sus autores y de los ideales que mantienen." (*Jesús de Nazaret,* Bloomsbury, 2008, p. xxi). Lo que esto significa es que hay a veces una tendencia real de los autores y los críticos a inventar su propio "Jesús ideal". De esta manera, alguien como Karl Heinrich Venturini publicó en 1801 su propia historia de Jesucristo. Él era miembro de los Illuminati - una sociedad secreta de librepensadores fundada en Bavaria a finales del siglo XVIII y que buscaba infiltrarse en los gobiernos europeos para lograr sus propios fines "iluminados".

Para Venturini, Cristo fue miembro de una sociedad secreta en su propia época. La vida, "muerte" y posterior resucitación (no resurrección), fueron cuidadosamente tramados por esta sociedad para fines políticos. Venturini, él mismo miembro de una sociedad secreta, parece simplemente haber reflejado sus propios ideales en Cristo. La hipótesis de Benedicto también arroja luz sobre la pregunta de por qué el estudioso del Nuevo Testamento John Dominic Crossan, en *Jesús, Una Biografía Revolucionaria* (HarperOne, 1991*),* concluiría que Cristo fue, antes de que su historia fuera supuestamente malinterpretada en los cuatro Evangelios, un "visionario" del primer siglo cuya ambición fue cierta forma de igualitarismo contracultural e inconforme. Ya que la igualdad y justicia son las cualidades alabadas en la época de Crossan, y él es de la opinión que la jerarquía de la iglesia está equivocada sobre la identidad y propósito de Cristo, su atracción a la idea de un visionario y filósofo inconforme es auto-descriptiva.

La lista de otras "historias" que muestran estas características continúa: los escritos de N.T. Wright, Marcus Borg y las diferentes obras históricas del Nuevo Testamento del Obispo John Shelby Spong han promovido teorías que tienden a colocar los orígenes y la persona de Jesús en el territorio de las convicciones sociopolíticas del autor. Consistentemente, lo que no se sabe o no puede ser verificado por medio de lo que un autor considera "razón" es descartado como ficción y mito. Los eventos son reinterpretados para ajustarse a lo que el autor considera ser histórica y psicológicamente convincente. Este libro está basado en mi estudio personal de la Escritura desde una perspectiva influenciada por el judaísmo, un conocimiento de la medicina y en particular de la psicología del comportamiento, y en una apreciación de la Biblia como una obra que contiene la palabra inspirada de Dios, la cual yo uevo más de 35 años estudiando y por medio de la cual Dios habla hoy.

La Búsqueda de Evidencia Confiable

¿Cuál es la más históricamente confiable guía a la verdadera persona de Jesucristo? Los más confiables y antiguos manuscritos que describen la vida de Cristo son los cuatro evangelios "canónicos": las narrativas de Mateo, Marcos, Lucas y Juan. Hay muy buenas razones para esto.

1) El gran peso de la evidencia textual comparativa.

Aparte de Cristo, la persona más conocida de un periodo similar en la historia es el Emperador romano Julio César (100 - 44 a.C.). De los escritos más conocidos de César, describiendo su conquista de la Galia entre 58 y 51 a.C. (*Commentarii de Bello Gallico*), tenemos disponibles solamente 10 copias para examinar. Hay alrededor de 5,600 copias y fragmentos del Nuevo Testamento en el texto original griego, lo que lo hace por mucho el manuscrito mejor documentado de su época.

2) Los Evangelios fueron escritos por contemporáneos y testigos.

La fecha más temprana de las crónicas de las conquistas de César es 900 d.C. (es decir, 950 años después). En el caso de Cristo, los documentos más antiguos datan de alrededor de 70 años después de su muerte (el fragmento del Evangelio de Juan, Hohn Rylands Library of Manchester, England). Estos hombres, con la excepción de Lucas, conocieron a Jesús personalmente. Debido a esto lo que escribieron puede ser tratado como prueba directa.

3) Evidencia fehaciente sobre los eventos de los Evangelios.

Los escritos de Yosef Ben Matityahu (José, hijo de Matías), también conocido por su nombre romano de Tito Flavio Josefo (37 d.C. - c.100 d.C.), dan una mirada importante a la vida y los tiempos del Judaísmo del primer siglo y a los principios del cristianismo. Josefo fue un historiador judío que se convirtió en ciudadano romano después de sobrevivir la destrucción de Jerusalén por los romanos en 70 d.C., la cual él narró. Él provee información clave que confirma los aspectos históricos de las narrativas del Evangelio.

Por supuesto, existen otros manuscritos que han sido descubiertos y que nos dicen más sobre el mundo donde Jesús vivió. El descubrimiento de los rollos del Mar Muerto en Qumrán entre 1947 y 1956 arroja algo de luz sobre la comunidad judía de los esenios, con quien Juan el Bautista y, por extensión Cristo, pudieron haber tenido conexión. Mucha atención ha sido dada a los primeros documentos cristianos encontrados en la Biblioteca Nag Hammadi en Egipto en 1945 (conocidos como los *Evangelios Gnósticos*), especialmente el llamado *Evangelio de Tomás*, que se ha vuelto muy conocido por haber sido uno de los textos que influenció la novela de ficción de Dan Brown, *'El Código DaVinci'*.

También ha formado las convicciones de académicos tales como Robert W. Funk y otros involucrados en los "Seminarios de Jesús". La publicación de los Seminarios de Jesús, "*Los Cinco Evangelios*" (HarperOne, 1997), pone a *Tomás* al mismo nivel que los otros Evangelios.

¿Por qué no puede *Tomás* ser considerado igual a las otras fuentes? En primer lugar, no es una obra biográfica, es una recopilación de 114 "dichos" atribuidos a Jesucristo y algunos de sus seguidores, y los detalles no pueden ser escudriñados o verificados en el contexto de eventos históricos. Los fragmentos más antiguos de este "evangelio" están en griego y pueden ser datados a alrededor de 200 d.C. La más antigua referencia que se conoce es de Hipólito, un presbítero de Roma (c.170 d.C. - c.236 d.C.), quien lo mencionó alrededor de 225 d.C. Fechas más antiguas de *Tomás* han sido propuestas pero son improbables; los autores gnósticos más tempranos tales como Marcion (85 d.C. - 160 d.C.) no hacen ninguna referencia a él. La única versión completa de *Tomás* está en cóptico, no griego, y data de alrededor de 350 d.C. (Ésta es la versión "completa" que fue descubierta en Nag Hammadi.) Además, *Tomás* contiene dichos contrarios a los manuscritos de los cuatro Evangelios tales como, "Simón Pedro les dijo: "Que María nos deje, porque las mujeres no son dignas de vivir." Jesús dijo, "Yo mismo la guiaré para hacerla varón, para que ella también pueda convertirse en un espíritu vivo a semejanza de ustedes varones. Porque toda mujer que se haga varón entrará en el reino de los cielos." (Tomás 114). Es altamente improbable que Pedro haya dicho esto, ya que estaba casado. Es aún más improbable en el caso de Jesús, quien rompió las convenciones religiosas de su tiempo al enseñar a mujeres tanto en esferas privadas como públicas e incluyéndolas en la compañía de sus discípulos.

Las diferencias en las copias del manuscrito también proporcionan un gran obstáculo para la validez de *Tomás,* como el erudito Helmut Koester indica en su introducción a la obra de James Robinson '*La Biblioteca de Nag Hammadi*' (HarperCollins, 2000), "Ni la tradición cóptica ni los fragmentos en griego parecen haber conservado este Evangelio en su forma más antigua. Incluso la comparación de los textos existentes en cóptico y griego demuestra que el texto estuvo sujeto a cambios en el proceso de transmisión". (p.125).

Como hemos afirmado, *Tomás* es un "Evangelio Gnóstico". El gnosticismo (de la palabra griega '*gnōsis*', 'conocimiento') se refiere a los diferentes movimientos religiosos de la antigüedad que eran sincretistas (combinando elementos diferentes). El gnosticismo consiste en diferentes fes o sistemas de creencias, incluyendo que los humanos son almas divinas atrapadas en un mundo material creado por un dios imperfecto, y que un conocimiento religioso secreto u oculto, (que muy pocos poseen), es necesario para la salvación.

Por el contrario, los Evangelios canónicos son manuscritos que están firmemente anclados en la historia del primer siglo. Por ejemplo, el Evangelio del médico romano, Lucas, contiene el siguiente contexto histórico (Lucas 2:1-2), "Aconteció en aquellos días que se promulgó un edicto de parte de Augusto César, que todo el mundo fuera empadronado. Este primer censo se hizo siendo Cirenio gobernador de Siria." (Reina Valera 1995). Y en Lucas 3:1-2, "En el año decimoquinto del imperio de Tiberio César, siendo Poncio Pilato gobernador de Judea, Herodes tetrarca de Galilea, su hermano Felipe tetrarca de Iturea y de la provincia de Traconite, y Lisanias tetrarca de Abilinia, y siendo Sumos sacerdotes Anás y Caifás, vino palabra de Dios a Juan hijo de Zacarías, en el desierto." (Reina Valera 1995). Lucas es un médico romano y excelente historiador que, aunque no había sido un testigo ocular de Cristo como lo fueron Mateo, Marcos y Juan, hizo todo lo posible para interrogar a los testigos y así "haber investigado con diligencia todas las cosas desde su origen." (Lucas 1:3).

Este libro examinará a Cristo "el hombre" desde tres perspectivas: su padre José, los Doctores de la ley judía que conocieron a Cristo cuando tenía doce años, y el tipo de reacción psicológica hacia Cristo que los sacerdotes y Saulo de Tarso (después conocido como el Apóstol

Pablo) demuestran. Cada uno llega a la conclusión de que Cristo era de hecho una persona sumamente significativa y altamente culta en la sociedad de su época. Al inicio del siglo XX se vio junto con el movimiento Pentecostal un nuevo entendimiento de Dios Espíritu Santo. Puede ser que el comienzo del siglo XXI traiga consigo un nuevo entendimiento de la persona de Dios Hijo.

Capítulo 1

La Reacción Provocada por Cristo

¿Es posible que el mundo haya perdido de vista quien fue realmente el hombre Jesús? El malentender quién fue Cristo en su tiempo influenciará cualquier interpretación de las palabras que él dijo, de la misma manera que el malentender quienes eran los fariseos (abogados religiosos) y los saduceos (sacerdotes) creará confusión en cuanto al significado de sus palabras.

Considere esta ilustración: "Está en la bolsa."

¿Qué significa eso? Depende de quien lo dice. Si es el basurero, puede que significa "algo se ha ido entre la basura". Por otro lado, si es un Miembro del Parlamento Británico, (MP), significa "el resultado es cosa segura" - los papeles del voto han sido colocados en una bolsa en la cámara de votación, todavía no han sido formalmente contados, pero el número de MPs que votaron "Sí" o "No" ha sido anotado, así que se sabe el resultado del voto, aunque todavía no se ha anunciado y no se han hecho cambios a la ley. Para poder interpretar con precisión lo que está siendo comunicado, es crucial que entendamos tanto la identidad de la persona que habla como el contexto histórico de lo que se dice. Quién Jesús era y cómo era percibido, humanamente hablando, por sus contemporáneos, es un elemento vital para comprender lo que él dijo y lo que fue dicho sobre él.

Los manuscritos de los Evangelios cubren el nacimiento de Jesús, su infancia temprana, y un incidente en el Templo cuando tenía doce años. Cristo reaparece a la edad de treinta años. La Mishná judía cuenta del Rabí Judá ben Tema, quien describe las diferente etapas de la madurez judía, y que dice que treinta era la edad de plena fuerza o autoridad (en la enseñanza). (Tratado Aboth 5:21). Han habido varias ideas no basadas en los textos (tales como viajes a tierras lejanas con José de Arimatea) que han intentado llenar los huecos entre esos años. Jesús trabaja entonces públicamente - durante tres años hasta que, condenado por las autoridades religiosas judías, es crucificado por orden del procurador romano Poncio Pilato. El Talmud judío (Sanh 43a) describe la razón de la sentencia de Cristo: fue colgado - el colgar de un árbol es sinónimo con ser maldecido, (Deuteronomio 21:23) - por el crimen de apostasía. La palabra "apostasía" en este contexto significa "falsa enseñanza", por lo que parece que lo que enseñaba era el problema.

Saulo de Tarso (un discípulo del famoso Rabino judío y sabio Gamaliel), cuya posterior conversión en el camino a Damasco llegaría a convertirse en un evento análogo con cualquier gran cambio de corazón, expresó sus pensamientos acerca de Cristo con estas palabras: "Yo ciertamente había creído mi deber hacer muchas cosas contra el nombre de Jesús de Nazaret; lo cual también hice en Jerusalén. Yo encerré en cárceles a muchos de los santos, habiendo recibido poderes de los principales sacerdotes; y cuando los mataron, yo di mi voto. Y muchas veces, castigándolos en todas las sinagogas, los forcé a blasfemar; y, enfurecido sobremanera contra ellos, los perseguí hasta en las ciudades extranjeras." (Hechos 26:9-11 Reina Valera 1995). La clase gobernante de sacerdotes en Jerusalén delegaron en Saulo la tarea de erradicar todas las marcas del legado espiritual de Cristo.

La implacable, hostil oposición de Saulo va más allá de lo que pudiera ser psicológicamente esperado hacia un carpintero inculto. El ser acusado de "forzar a alguien a blasfemar" era una manera rápida de ser sentenciado a muerte por medio de ejecución inmediata, normalmente por medio de un apedreamiento público, que hubiera sido cumplida sin consideración por las restricciones de los gobernantes romanos de cumplir con los procesos legales. El mismo Jesús se había acercado a esta situación, por lo menos en dos ocasiones, por presunta blasfemia. En Juan 8:58-59, "Jesús les dijo: 'De cierto, de cierto os digo: "Antes que Abraham fuera, yo soy. Tomaron entonces piedras para arrojárselas, pero Jesús se escondió y salió del templo y, atravesando por en medio de ellos, se fue.'" Jesús hablando hebreo a su audiencia judía, usó el nunca usado nombre de Yahveh (que significa "Yo Soy") y lo aplicó a sí mismo. Al hacer eso les estaba diciendo que él era anterior a su patriarca fundador, Abraham. Esto era considerado como blasfemo, lo que meritaba la respuesta judicial correcta de apedreamiento, que se puede ver en una ocasión posterior descrita en Juan 10:30-33, "Jesús dijo, "El Padre y yo uno somos." Entonces los judíos volvieron a tomar piedras para apedrearlo. Jesús les respondió: "Muchas buenas obras os he mostrado de mi Padre; ¿por cuál de ellas me apedreáis?" Le respondieron los judíos, diciendo: "Por buena obra no te apedreamos, sino por la blasfemia, porque tú, siendo hombre, te haces Dios."

El problema a la raíz de la impopularidad de Cristo eran sus repetidas afirmaciones de ser Dios. Pero la afirmación no fue rechazada como el desvarío de un lunático, y tampoco fue tomada a broma como un dicho irrelevante de un carpintero itinerante: más bien había cierta furia en la respuesta, que si es examinada desde una perspectiva psicológica, indica que Cristo era una persona que era tomada con suma seriedad por las autoridades judías. Había algo sobre Cristo que causó a los sacerdotes de mediana y tercera edad a escupir en su cara, golpearlo con sus puños, y burlarse de él. (Mateo 26:67-68). No sólo es extremo en sí mismo, sino que es incluso más extraño dado el respeto que se le mostró justo hasta el momento de su juicio.

¿Es posible que un carpintero y maestro itinerante proveniente del pueblito remoto de Nazaret haya causado tanto resentimiento y enojo? La reacción de los gobernantes fue tan extrema que, incluso después de su muerte, dejó la huella en sus seguidores. Pablo dice que "dio su voto" en contra de los cristianos que perseguía, lo que indica que estaba actuando en una capacidad judicial oficial en nombre del concilio gobernante de los judíos, de acuerdo con la autoridad que recibió de dar órdenes de arresto de parte de los sacerdotes principales. Pablo se describe a sí mismo como "enfurecido sobremanera", el griego aquí es *'perissôs emmainomai'*, que literalmente significa "una abundancia de furia". *'Emmainomai'* está derivado de la palabra raíz *'mainomai'*, que significa "locura" o "demencia" - había algo sobre lo que se percibía que Jesús había hecho que volvió a este delgado académico judío de Tarso (en Cilicia, ahora parte de Turquía), "loco" de furia. [3] Lucas narra que Saulo, después de presidir el apedreamiento del primer mártir cristiano, Esteban; había estado "respirando aún amenazas y muerte contra los discípulos del Señor." (Hechos 9:1). Esto significa literalmente "exhalar amenazas de masacre y ejecución masiva".

¿Es psicológicamente creíble que la enseñanza apóstata de un carpintero itinerante convertido en maestro de la distante Nazaret pudiera haber tenido tal efecto? ¿O pudo ser que Jesús había sido alguien conocido y previamente altamente respetado por Saulo - tan altamente respetado que una percibida traición de la mentalidad convencional judía habría incitado a Saulo a destruir todo vestigio del legado espiritual de Jesús? La naturaleza histérica de la reacción hacia Jesús, incluyendo el causar su asesinato y el de sus seguidores, de parte de los sacerdotes gobernantes y sus colegas en el concilio (tales como Saulo), parecen ir más allá de lo que puede ser psicológicamente esperado de un típico maestro falso sin importancia. Desde una perspectiva psicológica esto indica una traición a un nivel mucho más profundo y más íntimo del que hubiera sido provocado simplemente por un judío de poca importancia que se creía estaba en un estado de apostasía.

Quien Jesús era como hombre dentro del contexto de la sociedad judía de su día, y la jerarquía religiosa en particular, parece haber estado al centro de su respuesta. Desde una perspectiva humana emocional y psicológica es altamente improbable que un carpintero y maestro itinerante blasfemo hubiera provocado tanto el respeto temprano que fue demostrado hacia Cristo como por otro lado una respuesta tan profundamente furiosa después de su juicio y condena. Alguien que era percibido como renegado o traidor que los hubiera traicionado al haber sido originalmente respetado altamente dentro de sus propias filas hubiera provocado exactamente esas reacciones.

Capítulo 2

La Vida en Palestina del Primer Siglo

En el año 63 a.C., el general romano Pompeo había atacado la ciudad de Jerusalén y había sitiado el Templo, que se parecía a una fortaleza. Al conquistarlo, había tenido la temeridad de entrar al Lugar Santísimo, el Santo de los Santos, observando correctamente que no había nada ahí. (*La Guerra de los Judíos* de Josefo, libro 5, capítulo 5,5). Según la Escritura, el Dios de Israel se había ido muchos años antes, como Ezequiel había descrito en su época después de que el pueblo judío se había alejado de Dios. El libro de Ezequiel fue escrito por los cautivos de la tribu de Judá en Babilonia, después del Sitio de Jerusalén en 597 a.C., y narra (10:18-19): "Entonces la gloria del Señor se elevó de sobre el umbral de la casa, y se puso sobre los querubines. Y alzando los querubines sus alas, se elevaron de la tierra ante mis ojos. Cuando ellos salieron, también las ruedas se elevaron al lado de ellos, y se detuvieron a la entrada de la puerta oriental de la casa del Señor; y la gloria del Dios de Israel estaba por encima, sobre ellos." Al regresar del exilio, alrededor de 537 a.C., el Templo fue reconstruido y según Ezequiel 43:27, los sacrificios fueron reanudados, por lo que por un tiempo la vida espiritual del pueblo pareció haberse recuperado después de las lecciones aprendidas durante el exilio en Babilonia.

Sin embargo, como el pueblo de Israel revirtió a sus costumbres independientes, la historia volvió a repetirse. En la época de Abraham, Dios había hecho una alianza solemne con el pueblo de Israel. Aunque fueron advertidos durante su historia por los profetas (tales como Isaías y Jeremías) que debían mantenerse fieles al camino (leyes) que Dios les había enseñado, los judíos a menudo se olvidaban de obedecer a Dios - con resultados catastróficos.

En 37 a.C., habiendo sido nombrado gobernante de las regiones aledañas por Roma, el Rey Herodes conquistó Jerusalén y sitió la fortaleza del Templo, destruyéndola parcialmente. La ciudad que Herodes le ganó a la dinastía hasmonea judía (que había gobernado desde 140 a.C.) estaba en ruinas. Decidió reconstruir el Templo con un estilo magnífico, quizá para convencer a la población judía a que lo vieran más favorablemente, aunque nombró sus fortificaciones "Antonia" para agradar a su señor romano, Marco Antonio. Esto fue parte de los intentos de parte de Roma de helenizar la región y así intentar convertir a la población local a ser más abiertos a culturas extranjeras en general y menos aferrados a sus tradiciones e historia judías.

Palestina en el primer siglo era una región cosmopolita. Estaban los israelitas de Judea, y sus vecinos los samaritanos, emparentados históricamente, al norte de Judea. Había un gran grupo de griegos en la Decápolis en la orilla este del Lago de Galilea. También había presencia romana en Cafarnaúm en la orilla norte, en la base sudoeste del Monte Hermón en el pueblo de Cesarea de Filipo, así como la guarnición en Jerusalén misma. Se cree que la población de la región no era particularmente numerosa; el historiador Daniel-Rops pone su límite superior en alrededor de dos millones. [4]

Era ciertamente un área de gran inestabilidad política, ya que formaba la frontera este del Imperio romano, proporcionando una zona de amortiguación en contra del Imperio Parto hacia el este (en lo que es ahora Irak) con quien Roma estaba en guerra. El expansionismo que siguió a la transición de República a Imperio bajo el primer emperador, Augusto (63 a.C. - 19 d.C.) significó que Roma necesitaba tener control de los puertos que servían las rutas de comercio del Mar Mediterráneo. Esto era necesario para prevenir trastornos a la importación de granos de parte de los piratas que operaban alrededor de lo que ahora es Turquía al norte. Roma reforzó su control sobre las vías marítimas al ordenar la construcción de un gran puerto nuevo en Cesarea Marítima, bajo la supervisión de su subordinado "rey cliente" Herodes el Grande.

Herodes el Grande es una persona fascinante, no sólo desde una perspectiva histórica, sino también médica y psicológica. Su padre era llamado Antípater, un descendiente de los edomitas (en la región al sur de Judea), muchos de los cuales habían sido forzados a convertirse al judaísmo después de la victoria judía de los macabeos en 130 a.C. Su madre era árabe, de Petra en Jordán. En ningún sentido era verdaderamente un judío, particularmente porque el linaje judío se considera como transmitido por la madre. Marco Antonio era el gobernante de la parte este del Imperio romano como parte del Segundo Triumvirato después del asesinato de Julio César en 44aC. Cuando nombró a Herodes "Rey de los judíos", con pleno conocimiento de su linaje, el título no fue dado sin cierto grado de ironía.

Herodes había llegado a una posición de autoridad como gobernador de Galilea por nombramiento de su padre, Antípater el Idumeo. Antípater había servido bajo el gobierno de Ircano II, quien fue un sumo sacerdote y descendiente de la familia judía reinante que formó la dinastía hasmonea (140-37 a.C.). Esa dinastía fue establecida después de la rebelión macabea judía y la expulsión del Imperio seleucido de habla griega en 165 a.C., un vestigio del reinado de Alejandro Magno. Cuando los romanos, bajo Pompeyo, llegaron a Siria en 63 a.C., apoyaron a Hircano, quien era su aliado. Enviaron a Roma su hermano rebelde, Aristóbalo, quien se había aliado con sus vecinos enemigos al este, los partianos, pero dejaron el balance del poder a Antípater. Cuando Antípater nombró a su hijo, Herodes, como gobernador de Galilea, Herodes se hizo de una reputación de brutalidad. Herodes fue expuesto, desde una temprana edad, a las intrigas políticas de su época, e ingeniosamente logró mantener amistad con Roma, a pesar de los cambios de poder que ocurrieron allí.

Aunque nunca fue aceptado por los judíos en Jerusalén ni como un verdadero judío ni como un gobernante justo, logró hasta cierto punto establecer estabilidad política allí. Ingeniosamente, Herodes compró efectivamente el favor del partido de sacerdotes gobernante de los saduceos en 22 a.C. al recrear el Templo de Salomón - éste fue el primer Templo, construido durante el reinado del Rey Salomón, alrededor de 960 a.C. Esto ganó su favor porque el Templo era el foco central de su fe. Era ahí que se llevaban a cabo los holocaustos que cubrían los pecados individuales y colectivos, y por esto era de vital importancia para la psique religiosa nacional. Al hacer esto, Herodes construyó uno de los edificios más grandes que el mundo había visto - ciertamente en términos de la infraestructura y los enormes patios que lo rodeaban - aplanando y expandiendo la cima de la colina (el Monte Moriá) donde el Templo estaba construido, estimado a ser 35 acres incluyendo el fuerte romano adyacente de Antonia.

Los Planes del Templo de Herodes

En la guerra contra el Impero seléucida y en los años siguientes, la fortaleza del edificio del Templo había sido muy dañada. Herodes comenzó a renovarla y agrandarla en gran escala - particularmente los patios exteriores, que llegaron a tener un área de 144,000 metros cuadrados. Josefo narra que el Templo fue construido con piedras de incluso 45 codos (~ 22.5 metros) de largo, 5 codos (~ 2.5 metros) de alto y 6 codos (~ 3 metros) de ancho (*La Guerra Judía* libro 5, capítulo 5,6). Sus paredes estaban hechas de piedras de 20 codos (~ 10 metros) de alto y 10 codos (~ 3 metros) de ancho. (*La Guerra judía* libro 5, capítulo 4,2). La piedra más grande encontrada hasta ahora pesa cuatrocientas toneladas. [5] Éstas fueron algunas de las piedras a las que Jesús se refería cuando les dijo a sus discípulos, "No quedará piedra sobre piedra que no sea derribada" (Marcos 13:20). Esta fue una sorprendente predicción que fue cumplida en 70 d.C., cuando los romanos destruyeron el Templo. Le prendieron fuego de tal manera que parte del oro usado en la construcción se derritió entre las grietas; más tarde, la gente voltearía las piedras para tratar de encontrar oro perdido.

El Templo de Herodes era una estructura enorme, ciertamente para los estándares de la época, y sin la ayuda de grúas o equipo hidráulico de levantamiento. El levantar grandes piedras a la altura del Santo de los Santos de 166 pies (*La Guerra judía* libro 5, capítulo 5,5) requería habilidades de construcción especiales, que se han perdido en los anales de la historia, habilidades que los judíos evidentemente poseían, las cuales databan quizá desde el tiempo que pasaron como esclavos constructores en Egipto en el tiempo de Moisés. Josefo narra que Herodes recubrió gran parte de las paredes con oro, para que los rayos del sol se reflejaran hacia abajo, haciendo que frecuentemente el edificio fuera imposible de mirar directamente. Las piedras eran blancas, con una capacidad refractiva similar, y le daban al Templo, desde la distancia, la apariencia de una montaña cubierta de nieve, de belleza y majestad imponentes.

Modelos a escala del Templo de Herodes:

Una de las maravillas del mundo antiguo.

¿Por qué estaba Herodes tan ansioso de impresionar? Aparte de las razones de inseguridad religiosa, racial y política, parece que existía algo más, de naturaleza médica. Josefo describe la enfermedad final de Herodes y su muerte de esta manera: "La enfermedad afectó su cuerpo completo, y trastornó todas sus partes con diferentes síntomas. Tenía una fiebre leve y una comezón insoportable en la superficie de todo su cuerpo, y dolores constantes en su intestino bajo e hinchazón de sus pies como si tuviera hidropesía, inflamación del abdomen, y una putrefacción de sus genitales que producía gusanos, así como dificultades para respirar, y no podía respirar sino cuando se sentaba erguido, y tenía convulsión de todos sus miembros. Los adivinos dijeron que esas enfermedades eran un castigo sobre él por lo que les había hecho a los Rabís. Aún así luchó contra sus numerosos trastornos, y aún tenía deseos de vivir, y tenía esperanza de recuperarse, y consideró varios métodos de cura. Por lo tanto, cruzó el Jordán, y usó los baños calientes en Callirrhoe, que corrían hacia el Mar Muerto, pero eran suficientemente dulces para beber. Y ahí los médicos decidieron que sería apropiado bañar su cuerpo entero en aceite tibio, bajándolo en un gran recipiente lleno de aceite, con lo cual sus ojos le fallaron, y se desvaneció como si estuviera muriendo; y como sus sirvientes estaban haciendo un tumulto, se revivió debido a sus voces". (*La Guerra judía* libro 1, capítulo 33, 5). Josefo también narró un poco después que Herodes, en su lecho de muerte, tenía una tos áspera, pero no estaba tan enfermo porque fue capaz de ordenar la ejecución de su hijo (por su primera esposa) Antípater III, quien estaba en prisión acusado de traición.

Desde una perspectiva médica, Herodes claramente estaba sufriendo de los síntomas de insuficiencia cardiaca, (inflamación de las piernas, dificultad para respirar y tos, especialmente al estar acostado). La asociación con comezón generalizada sugiere insuficiencia renal aguda, que es extremadamente difícil de tratar. El remedio del médico de Herodes de sumergirlo en aceite tibio solo hizo que se desmayara. Tanto la insuficiencia renal como el fallo cardíaco son comúnmente causados por la diabetes mellitus, y Herodes, cuya dieta habría sido alta en comidas dulces y los vinos dulces de la región, era muy probable que contrajera esta enfermedad. La presencia de la diabetes como una causa subyacente es también sugerida por lo que pasó a los genitales de Herodes. Es altamente probable que la "putrefacción" de sus "partes privadas", como es descrita por Josefo, fuera de hecho un caso de gangrena de Fournier, una condición documentada clínicamente por primera vez en 1883 por el Doctor Hean Fournier, un venereólogo francés, quien describió una rápida gangrena progresiva del pene y el escroto. Esta afección está relación con la diabetes mellitus y con el abuso del alcohol, y es asociada con irritación de la piel y comezón.

Además, la historia sexual de Herodes había sido larga y bastante complicada. Se sabe que tuvo diez esposas, y es probable que haya tenido también muchos otros compañeros sexuales. Había, por lo tanto, un riesgo alto de que contrajera sífilis, y su comportamiento paranoico (mató incluso a su esposa favorita Mariamne I como resultado de celos morbosos, así como a varios de sus hijos), contribuyó al dicho famoso de César Augusto, quien dijo que era más seguro ser el cerdo de Herodes (en griego, '*hus*') que ser el hijo de Herodes (en griego, '*huios*'). Herodes, quien pretendía ser judío, no comía cerdo, por lo que sus cerdos estaban relativamente a salvo. La sífilis, en su fase tardía, produce delirios de grandeza y puede que haya contribuido a los proyectos de construcción de grandes edificios que le ganaron a Herodes el título de "el Grande". Estos incluyeron la fortaleza en Masada en el sur, Antonia en Jerusalén, y Herodión en La Cisjordania (una montaña artificial coronada por un palacio) así como la ciudad-puerto de Cesarea Marítima (un puerto artificial), construida al estilo romano con un anfiteatro, un hipódromo para carreras de carro, baños públicos y un gran templo dedicado al emperador romano, César Augusto.

El Templo en Jerusalén expresaba perfectamente la identidad dividida de Herodes: un no judío tratando de agradar a los judíos por medio de la expresión de su propio ego hinchado, al mismo tiempo agradando a sus señores romanos al nombrar el fuerte adjunto

"Antonia". Incluso puso la imagen romana de un águila dorada sobre el portón, profanando aún más la naturaleza sagrada del edificio.

La sociedad en la que nació Jesús no había estado en paz por mucho tiempo. Roma había conquistado en 63 a.C., pero el Imperio Partiano de Babilonia del este había invadido en 40 a.C., forzando al Rey Herodes a huir al sur a la fortaleza impregnable de Masada. De ahí fue a Roma buscando refuerzos que Marco Antonio y el Senado romano le dieron. El apoyo militar vino en la forma de tropas bajo el comando del legado de Siria, y Jerusalén fue retomada en la primavera de 37 a.C., después de mucho daño y pérdidas humanas. Así que cuando Herodes comenzó su proyecto de reconstrucción, la gente común no tenía motivo para desear volver a vivir la agitación violenta del pasado reciente.

Gran parte de la reconstrucción del Templo había sido terminada (aunque el trabajo continuaría por décadas) cuando Herodes recibió una visita de los sabios (hombre sabios que eran consejeros en la corte del vecino reino partiano al este). Le preguntaron, quizá con cierto sarcasmo, "¿Dónde está el Rey de los judíos que ha nacido?" (Mateo 2:2). Esta pregunta no habría sido bien recibida - ¡Herodes no había nacido Rey de ninguna parte! El hecho de que los sabios se atrevieron a preguntar eso a alguien quien sabían había recibido ese título de parte de Roma recientemente es evidencia de que se sentían seguros en la compañía de su escolta militar. Su visita fue claramente un evento importante - Mateo narra que su llegada había "turbado" no sólo a Herodes sino a "toda Jerusalén." (Mateo 2:3).

La población tenía buena razón para turbarse. Herodes era altamente paranoico y no dudaría en asesinar ni a sus propios hijos, si creyera que eran una amenaza para su trono. Había sido recientemente reemplazado por el mismo ejército que los sabios, probablemente, habían traído para acompañarlos en su viaje cruzando el desierto para visitar al niño Jesús. Consejeros de la corte partiana tan importantes, llevando regalos de oro y otros objetos de gran valor, ciertamente habrían tenido una escolta armada, y su llegada a Jerusalén era de conocimiento público. La llegada de los sabios, en la mente de paranoia de Herodes, fue casi ciertamente vista como un subterfugio para precipitar otra invasión partiana, esta vez usando un motivo religioso para reemplazar su gobierno ilegítimo con alguien de linaje más aceptable desde el punto de vista judío.

La decisión subsiguiente de Herodes de matar a todos los niños varones de menos de dos años en los alrededores de Belén coincide con su carácter e historia conocida. Herodes más tarde ordenó la muerte de 100 ancianos judíos para que coincidiera con su propia muerte, así desencadenando un duelo genuino que hubiera de otra forma estado notablemente ausente (Josefo, *La Guerra judía* libro 1, capitulo 33, 7 - La esposa de Herodes más tarde intervino y liberó a los ancianos). Unos cuantos niños judíos en un pueblecito de Israel no significaban nada para él.

Herodes fue encomendado con el gobierno de la nación judía, y la paz romana que acompañó el gobierno de Herodes era importante para la clase alta de los sacerdotes que prosperaron rápidamente debido a los ingresos obtenidos de la expansión del Templo. Aunque sin lugar a dudas les ofendía la intrusión de los paganos romanos, la mayoría de la población judía habría sido tranquilizada por la paz que trajo su gobierno. Los romanos veían el judaísmo como una religión autorizada *(religio licita),* dentro de su Imperio, y permitieron que el Templo prosperara en sus nuevos y expandidos patios, los cuales también albergaban las escuelas rabínicas esenciales para el capacitación de los maestros que enseñaban la fe. Esas escuelas eran centrales para el estudio y defensa de la ley judía (la Torá), y eran de la mayor importancia para la vida espiritual de la nación donde la ley religiosa y civil eran la misma cosa. Las escuelas, dirigidas por los Doctores de la ley tales como Gamaliel, (Hechos 5:34), atraían a los más brillantes de los estudiantes judíos, tales como Saulo de Tarso (en Turquía de hoy), que fue formado como Rabí bajo Gamaliel mismo (Hechos 22:3).

Capítulo 3

José

Es muy común pensar que se sabe muy poco sobre José, el padre terrenal de Jesús. Sin embargo, quién José era es vital para nuestra comprensión de Jesús porque el padre tenía el principal papel formativo en establecer a sus hijos en la sociedad judía de la época. Pensamos que Jesús era un carpintero porque pensamos que José había sido carpintero.

Nuestro entendimiento de José está basado, en gran parte, en dos pasajes en el Nuevo Testamento. En Mateo capítulo 1, por ejemplo, se narra como José no quiere deshonrar a su prometida, María, a quien encuentra embarazada con, él tiene que asumir, el hijo de otro hombre. Un ángel lo visita y le dice que no debe tener miedo, sino casarse con ella, ya que el niño ha sido concebido del Espíritu Santo. También se le describe como "carpintero" en otra parte, pero eso es todo. Sin embargo, lo que ha sido descrito es en realidad muy revelador cuando se le pone en contexto. Para entenderlo, debe ser posicionado en su contexto en la historia.

Flavio Josefo narra (*Las Antiguedades de los judíos*, Libro 15, Capítulo 11) que en el año deciocho de su reinado (alrededor del 20 a.C.), el Rey Herodes, como se mencionó antes, "comenzó una gran labor, es decir, construyó él mismo el Templo de Dios, y lo diseñó más grande en sus dimensiones, y lo levantó a una altura magnífica." Josefo narra que el Rey Herodes sabía que "la multitud no está ni lista ni deseosa de ayudarle en tan gran diseño", pero logró convencer a los judíos que el Templo construido después de su retorno del exilio en Babilonia no "seguía el modelo original de ese edificio de piedad", es decir, no era suficientemente grande, siendo más pequeño que el Templo original construido por Salomón. Herodes abordó el problema del temor del pueblo de que "derribaría el edificio completo y no podría llevar sus intenciones a la perfección para reconstruirlo" al asegurarles que "no derribaría su Templo hasta que todo estuviera listo para reconstruirlo completamente otra vez", y al preparar "mil carretas, que habrían de traer piedras para el edificio, y *escogió diez mil de los obreros mas diestros,* y compró mil vestiduras sacerdotales para tantos sacerdotes, *e hizo que le enseñaran a algunos de ellos las artes de los talladores de piedra, y otros las de los carpinteros (griego: 'tektonas'),* y comenzó a construir, pero no hasta que todo estuviera preparado para el trabajo". (*Itálicas mías*).

Esto resolvió el problema religioso y logístico del trabajo de la reconstrucción del Templo; el sitio del Templo estaba consagrado a Yahveh, el Dios de Israel, y continuó funcionando en lo que se refiere a los sacrificios diarios que se ofrecían. Había sacrificios matutinos y vespertinos, sacrificios por votos personales, sacrificios del sábado, ofrendas por los hijos, ofrendas por el primer día de la semana, ofrendas por el pecado, ofrendas de festivales, etc. Tantas ofrendas de sangre le daban al Templo la apariencia de un matadero. Sin embargo, al ser tierra santa, los no judíos no podían entrar, y sólo los sacerdotes podían entrar a las partes más recónditas, tales como el Lugar Santo. Josefo narra por lo tanto que "diez mil obreros diestros", la mayoría de los cuales hubieran tenido que ser judíos para poder entrar al sitio del templo, habrían de trabajar junto con y supervisar a mil sacerdotes judíos y capacitándoles como constructores, canteros y carpinteros, para reconstruir el Templo en las áreas donde sólo los sacerdotes podían entrar.

Los mil sacerdotes judíos, ahora capacitados como canteros y carpinteros, supervisados por los "diez mil obreros diestros", derribaron parcialmente y luego reconstruyeron totalmente el Templo, pero en una escala mucho más grande. En 10 a.C., después de doce años de ardua labor, el nuevo y magnífico edificio fue abierto (aunque el trabajo continuó a lo largo de la vida del sucesor de Herodes, su hijo Arquelao, y mucho después). Era completamente funcional para los sacrificios y ofrendas, y también para alojar las escuelas rabínicas dentro de sus enormes patios.

El Templo era, fundamentalmente, un lugar de adoración, fuera de los límites para los no judíos aparte del patio exterior (el Patio de los Gentiles). En el corazón de la adoración estaba la ofrenda de animales de sacrificio como una manera de tratar con el pecado personal y comunal. Los patios progresaban hacia arriba y hacia dentro, cada nivel era progresivamente más santo. Entre el Patio de los Gentiles y el Patio de las Mujeres había un signo que decía: "Quien sea tomado será matado, y sólo él será responsable de su propia muerte". En este patio ofrendas monetarias eran recolectadas en enormes recipientes en forma de trompeta. Entre ese patio y el patio de los israelitas (hombres), colgaba la enorme Puerta de Nicanor hecha de bronce, tan pesada que se necesitaban 30 hombres para abrirla. Arriba de ésta estaba el Patio de los Sacerdotes, y en un extremo de éste estaba el salón de reunión del consejo gobernante, el Sanedrín. En este patio había un enorme altar de piedra, que medía cuarenta y siete pies cuadrados y trece pies de alto, rodeado de un sistema de canalones designados para limpiar la sangre de los sacrificios con agua de la fuente que surgía en ese nivel. Por encima de este patio estaba el edificio principal del Templo, ciento sesenta pies de alto y de ancho, (Josefo, *La Guerra judía*, lubro 5, capítul 5,4) que albergaba al Lugar Santo, donde el altar de oro del incienso estaba (donde el padre de Juan el Bautista, Zacarías, ofreció incienso y escuchó del ángel Gabriel la noticia acerca del nacimiento de su futuro hijo). Una cortina doble separaba al Lugar Santo del Santo de los Santos, donde una vez al año solamente el Sumo Sacerdote podía entrar en el Día de Expiación. Ahí presentaba sangre sacrificial de parte de sus propios pecados y los de la nación.

¿Cómo Afecta Esto a José?

El Evangelio de Mateo describe a José como un "hombre justo" que no quería deshonrar a María. Planea "enviarla lejos" en secreto para no atraer sobre ella desgracia pública (Mateo 1:19), con una posible sentencia de muerte por infidelidad. Sin embargo, el pasaje describe a José como "justo", la palabra "hombre" no está presente en el texto griego. La palabra "hombre" ha sido incorrectamente añadida a la traducción al español y por lo tanto puede oscurecer el significado de las palabras de Mateo. La palabra griega usada aquí es simplemente '*dikaios*', que significa "alguien que obedece las leyes divinas" y es frecuentemente traducida como "devoto" o "recto". Para ser considerado "recto" en esa sociedad uno tenía que obedecer la ley. Para obedecer la ley se tenía que conocer la ley, lo que no era una tarea sencilla, dadas las capas de minucias aplicadas por generaciones sucesivas de rabinos desde el tiempo de Moisés. Para conocer la ley a ese nivel se necesitaba ser un maestro religioso, no el tener simplemente una educación básica. La raíz de '*dikaios*' es la palabra griega '*dikh*', que significa "una sesión judicial o una decisión judicial, y especialmente una condena, y la ejecución de una sentencia o castigo." [6] En la historia israelita, había categorías particulares de personas responsables de ejecutar la justicia. Ezequiel 44:24 define una de las tareas de los sacerdotes en la vida del pueblo de Israel: "En los casos de pleito, los sacerdotes estarán para juzgar, y conforme a mis juicios juzgarán." En la sociedad judía de la época en donde la ley civil y la ley religiosa eran la misma cosa (tal como la ley saria musulmana del presente), uno de los papeles de los sacerdotes era actuar en una capacidad judicial (como los imanes musulmanes actúan en los estados musulmanes hoy en día).

José, siendo de la tribu de Judá, no era de una familia sacerdotal. Sin embargo, en aquél entonces la ley oral se había vuelto lo suficientemente complicada para necesitar un estudio legal especializado que aconsejara a los sacerdotes en su trabajo. La descripción de José como '*dikaios*' significaba que tenía conocimiento de la ley oral con esa profundidad. José de Arimatea es descrito de manera similar- "un buen hombre, y justo." (Lucas 23:50). Lucas suplementa su descripción del carácter de José de Arimatea ("bueno") con una descripción de su conocimiento de la ley - '*dikaios*' - "un justo".

La identificación de José como un hombre "justo" es respaldada por el título dado por el cronista de la Iglesia primitiva Hegesipo, (c.110- c.180 d.C.). Hegesipo se refiere a Santiago, el hermano de Jesús, como "Santiago el Justo". El académico Jerónimo (347 - 420 d.C.) (escribiendo en *De Viris Illustribus - Sobre Hombres Ilustres*), cita el quinto libro de los comentarios de Hegesipo, (que han sido perdidos pero son citados por otros escritores antiguos) como sigue: 'Después de los apóstoles, Santiago el hermano del Señor, *llamado el Justo,* fue nombrado cabeza de la Iglesia de Jerusalén. Muchos eran en verdad llamados Santiago. Éste era santo desde el vientre de su madre. No bebía vino ni ninguna bebida fuerte, no comía carne, nunca se afeitaba ni se ungía con ungüentos ni se bañaba. Sólo él tenía el privilegio de entrar al Santo de los Santos, ya que ciertamente no usó vestiduras de lana sino de lino, y entró solo al templo y oró por el pueblo, y se dice que sus rodillas habían adquirido la dureza de las rodillas de un camello.' (*Itálicas mías*). Santiago habría recibido el título de parte de su padre, José "el Justo".

Josefo, (*Antigüedades* Libro 20, capítulo 9,1) narra la muerte de Santiago: "Y César, al oír de la muerte de Festo, envió a Albino a Judea, como procurador. Pero el rey privó a José de ser sumo sacerdote, y le dio la sucesión de tal dignidad al hijo de Anano, que también era llamado Anano... un hombre atrevido en su carácter, y muy insolente, también era de la secta de los saduceos... reunió al Sanedrín de jueces, y trajo ante ellos al hermano de Jesucristo, que también se llamaba Santiago y algunos de sus compañeros, y cuando había formado una acusación contra ellos como infieles a la ley, los entregó para ser apedreados." Estas referencias subrayan la educación religiosa y legal que José mismo y su familia debieron haber recibido para merecer estos títulos.

En cuanto a la ocupación de José, la combinación de profesión de constructor o arquitecto con la de enseñanza rabínica tenía precedentes bien reconocidos. El Rabino Shammai (c 50 a.C. - 30 d.C.) era uno de los grandes maestros de la ley judía (junto con el Rabino Hillel) en el tiempo de Cristo. Después de la muerte de Hillel (c.20 d.C.), Shammai asumió la presidencia del Sanedrín).[7] El Talmud de Babilonia narra un caso famoso de las diferencias entre la enseñanza de Hillel y Shammai. "Sucedió que cierto pagano vino ante Shammai y le dijo "Conviérteme en prosélito, a condición de que me enseñes toda la Torá mientras me paro en un sólo pie." Por lo tanto lo repeló con la vara de constructor que tenía en su mano. Cuando fue ante Hillel, éste le dijo "Lo que te es aborrecible, no lo hagas a tu prójimo: eso es la Torá completa, el resto es un comentario de la misma; ve y apréndela." (Shabbat31a). El mismo tratado cuenta otro ejemplo en el que un extranjero que 'fue ante Shammai y le dijo, "Conviérteme en prosélito a condición de que me nombres Sumo Sacerdote". Pero lo repelió con la vara de constructor que tenía en su mano.'"

La "vara de constructor" que se menciona es la vara de medida del arquitecto; Shammai tenía una en su mano porque era así que se ganaba su salario y así se mantenía para enseñar la Torá. Por lo tanto José y Jesús, como "Justo" y también '*tekton*' habrían sido una combinación no inusual de una profesión que mantenía los estudios religiosos.

Adicionalmente, puede que José haya trabajado junto con los sacerdotes en otro nivel completamente, basado en su ocupación secular y completamente independiente de cualquier estatus que puede o no haber tenido como maestro dentro del sistema judicial judío. Esto puede ser visto en la otra mención que se hace de él en los Evangelios. En Mateo 13:54-55 (también en Marcos 6:3), la gente no creyente del pueblo natal de Jesús, Nazaret, pregunta: "¿De dónde saca éste esta sabiduría y estos milagros?" "¿No es éste el hijo del carpintero?" La palabra traducida como "carpintero" es la palabra griega '*tekton*', que era comúnmente usada para significar "constructor" o "artesano". Es usada por Homero para describir a los constructores de barcos (de madera, por ejemplo Odiseo en *La Odisea*) y también grandes edificios (como arquitectos y escultores) (*La Ilíada* Z 315 - 316). De esta palabra derivamos los términos "placa tectónica" para enormes estructuras de roca, "técnico" y "técnica" y también la palabra "arquitecto", que literalmente significa "maestro constructor". En el registro del Evangelio de Marcos, es Jesús mismo quien es descrito como '*tekton*', por su asociación con José. Los maestros artesanos de la época poseían el conocimiento técnico necesario para construir la casa del Templo (el Lugar Santo) a una altura extraordinaria de alrededor de 166 pies (Mishnah, Middoth 4, 6), sin el beneficio de las técnicas modernas de levantamiento. Estas eran habilidades especializadas que han sido perdidas en la antigüedad, pero que los '*tektons*' poseían.

Mateo nos dice que José era tanto "justo" ("recto según la ley") y un '*tekton*'. Por lo tanto habría estado perfectamente calificado para tener la responsabilidad de capacitar y supervisar el trabajo de los sacerdotes reclutas que tomaron parte en el mayor proyecto de construcción de la época - la reconstrucción y enorme expansión del Templo bajo el patrocinio del Rey Herodes el Grande. Dada la escala del trabajo, Herodes habría necesitado la ayuda de diez mil "obreros hábiles", particularmente dada la necesidad de capacitar a los sacerdotes en su nuevo papel de '*tektons*', ya que no habrían tenido ninguna experiencia previa, y posiblemente, no aptitud ni inclinación para la tarea. Un '*tekton*' que era también devoto habría estado idealmente posicionado para inspirar respeto a un nivel religioso a los sacerdotes que quería capacitar. José cumplía perfectamente los criterios necesarios, y al tomar parte en el gran proyecto de Herodes, José habría tenido exactamente tal papel. Por lo tanto, dada la cantidad de recursos humanos requerida (diez mil) en relación con la población total y el tiempo de la vida laboral de José, es altamente probable que José fuera uno de los '*tektons*' que capacitó y trabajó junto con los sacerdotes en su nuevo papel de carpint (Josefo: '*tektonas*') hábiles en trabajar con grandes piezas de piedra y madera para construir el Templo de Herodes, y así evadir los problemas de pureza ritual que habrían sido ocasionados al tener no judíos o no sacerdotes trabajando en un lugar sagrado judío.

Si José fuera en verdad uno de los '*tektons*' es extremamente posible que fuera uno de aquellos responsables la capacitación de los sacerdotes para que hicieran el trabajo de un '*tekton*', porque su naturaleza devota, (y por ella su probable historia como académico), significan que él habría sido una de las pocas personas que habría inspirado respeto en un grupo elitista como el de los sacerdotes. Como el hijo de José, el niño Jesús habría sido conocido de muchos de los sacerdotes, lo que explicaría por qué Jesús fue al Templo cuando se perdió a los doce años, y que lo cuidaran hasta que llegaron sus padres. Justino Mártir describe a Jesús como alguien que había hecho "arados y yugos"',[8] por lo que es posible que José se haya especializado en madera, junto con su papel formal en la vida religiosa del pueblo de Israel; tal y como Saulo de Tarso trabajaba haciendo tiendas (Hechos 18:3) junto con su trabajo plantando iglesias y enseñando.

La construcción había comenzado en 20 a.C. (en el dieciochtavo año del reinado de Herodes). La mayor parte del trabajo fue completada para el año de la muerte de Herodes en 4 a.C., y el resto fue finalizado en 63 d.C., sólo siete años antes de la destrucción en 70 d.C., la cual Jesús había predicho. Esta línea del tiempo coincide con la vida laboral del '*tekton*' José.

Tres veces al año, José habría llevado a Jesús a las más importantes festividades en Jerusalén y le habría enseñado al niño bajo su cuidado los diferentes aspectos de la construcción del Templo en los que él había participado. Jesús, habiendo sido criado por José, habría oído las historias de la construcción del magnífico Templo del Rey Herodes. La probabilidad de que su padre hubiera estado involucrado en la construcción del Templo puede ser vista en la frase de Jesús a sus padres cuando fue encontrado, presumiblemente perdido, pero, en realidad, enseñando a los maestros en las cortes del Templo. Lucas 2:49-50, "Entonces él les dijo: "¿Por qué me buscabais? ¿No sabíais que en los negocios de mi Padre me es necesario estar?" Pero ellos no entendieron lo que les dijo."

Desde niño Jesús habría visitado el Templo con su padre José, y siendo el sobrino de un sacerdote (Zacarías), Jesús habría sin duda conocido a muchos de los mil sacerdotes que los '*tektons*' habían capacitado para completar la construcción del templo. Por lo tanto el niño Jesús habría sido reconocido por muchos de los sacerdotes, Se puede suponer que ellos cuidaron de él por los cinco días hasta que sus padres llegaran. El joven Jesús parece estar calmando la tensión de sus padres con humor al preguntarle a José y a María cómo es que no fueron inmediatamente a "la casa de su padre" - debido al papel que José había tenido en ayudar a construir el Templo. Habría estado haciendo una conexión entre el papel de José en la construcción del templo con el de su Padre Dios.

La identificación humana de Jesús con José en su papel como constructor en el Templo también arroja luz sobre el dicho de Cristo a los judíos que es narrado en el Evangelio de Juan: (2:19): "Destruid este templo y en tres días lo levantaré", que fue usado contra él en su juicio 'Éste dijo: ''Puedo derribar el Templo de Dios y en tres días reedificarlo.''' (Mateo 26:61). Sus interlocutores judíos no cuestionan su habilidad como '*tekton*' en esta área, solamente el plazo de tiempo mencionado. Como el hijo de un '*tekton*', Jesús mismo habría tenido algunas de las habilidades de un '*tekton*', lo que la gente de su pueblo natal menciona en el Evangelio de Marcos capítulo 6, identificándolo como un '*tekton*' por la asociación con su padre José. El dicho de Cristo a Pedro "Y sobre esta roca edificaré mi iglesia, y las puertas del Hades no la dominarán" (Mateo 16:18) está en línea con un '*tekton*' que había estado involucrado por medio de su padre José con el proyecto de construcción del Templo.

Este trabajo como arquitecto y constructor a gran escala en lugar de ser un simple carpintero arroja luz sobre un número de ilustraciones usadas por Cristo en sus enseñanzas. Por ejemplo, (Mateo 7:24-27) él habla de la necesidad de tener cimientos sólidos, y usa el contraste de un hombre que construyó sobre arena y uno que construyó con sensatez sobre roca. Los cimientos del Templo eran enormes, requiriendo que se moviera tierra en gran escala (*Las Guerras de los judías*, libro 5, capítulo 5,1). La enseñanza de Jesús ilustra con humor un hombre con una pequeña paja siendo "ayudado" por alguien con un gran leño (en griego '*dokos*' - una viga de madera usada para sostener el techo) en su propio ojo (Mateo 7:3-5). Este es un buen ejemplo de la hipérbole rabínica - imágenes altamente contrastantes con el propósito de ser ilustraciones (frecuentemente cómicas). Jesús enseñó sobre aquellos que planearon construir una torre y pusieron los cimientos pero no pudieron terminarla debido a la falta de recursos. (Lucas 14:28-30). Éstos no son los dichos de un carpintero de obra haciendo mesas y sillas. Famosamente, y usado contra él en su juicio, le dijo a los líderes judíos: "Destruid este templo y en tres días lo levantaré." (Juan 2:19). Jesús estaba hablando de su propio cuerpo; sin embargo su habilidad de construir como un '*tekton*' nunca es cuestionada.

Más tarde, el Apóstol Pablo, que se consideraba a sí mismo como habiendo sido convertido en un discípulo de Cristo (1 Corintios 11:1 "Sed imitadores míos, así como yo lo soy de Cristo") después de su experiencia en el camino a Damasco (Hechos 9:3-6) se referiría a sí mismo (1 Corintios 3:10) como el "perito arquitecto" (griego: '*architekton*'). Se veía a sí mismo como alguien cuyo trabajo incluía "coordinar" la construcción de la Iglesia primitiva (Efesios 2:21). Pablo se ganó la vida por medio de su trabajo como constructor de tiendas, así podía dedicarse a la enseñanza (Hechos 18:3), sin embargo su enseñanza no contiene ilustraciones claramente derivadas de su profesión. No obstante, su uso de imágenes de '*tekton*' es común. Por ejemplo, "Nadie puede poner otro fundamento que el que está puesto, el cual es Jesucristo. Si alguien edifica sobre este fundamento con oro, plata y piedras preciosas, o con madera, heno y hojarasca, la obra de cada uno se hará manifiesta, porque el día la pondrá al descubierto, pues por el fuego será revelada. La obra de cada uno, sea la que sea, el fuego la probará. Si permanece la obra de alguno que sobreedificó, él recibirá recompensa. Si la obra de alguno se quema, él sufrirá pérdida, si bien él mismo será salvo, aunque así como por fuego." (1 Corintios 3:11-15). 'Edifica' es *'epoikodomeo'*, de la raíz *'oikodomeo'*, que significa construir una casa. [9]

El libro de Proverbios en el Antiguo Testamento personifica a la sabiduría como "maestro artesano" (Cristo también es llamado "la Sabiduría de Dios" - 1 Corintios 1:24); la palabra hebrea para "artesano/constructor" usada aquí (*'amon'*) significa "arquitecto". Proverbios 8:29-30: "cuando fijaba los límites al mar; con él estaba yo ordenándolo todo."

Estos ejemplos indican que Cristo (por medio de José) habría tenido la hábil y altamente educada profesión como arquitecto más allá de ser un simple carpintero antes de convertirse en un maestro de la ley judía de tiempo completo. En muchas sociedades, y especialmente en la sociedad judía, la educación es altamente valorada, y el describir a alguien como "sin educación" es desmerecerlos gravemente. Mientras que el Sanedrín reconoció a Pedro y a Juan como "hombres sin letras y del vulgo" (Hechos 4:13), nunca se refieren a Jesús de esa manera, algo que habrían hecho sin duda para desacreditarlo con la multitud si esto hubiera sido el caso. Como un hombre judío altamente educado, José se habría asegurado de que Jesús tuviera el mismo estándar que él, y con una ocupación especializada (equivalente a la del Rabí Shammai), que permitía tiempo para el estudio judío que era valorado sobre todas las cosas en su sociedad. La ley judía mandaba que los niños debían ser enseñados la Torá hasta el límite de sus habilidades, [10] y como un hombre judío devoto, José se habría asegurado de no incumplir con los requerimientos de la ley.

Capítulo 4

María y el Nacimiento de Jesús

Mientras José era de la casa de Judá, la madre de Jesús era de una familia sacerdotal. María es de los dos padres terrenales de Cristo a la que el Evangelio le dedica más texto. Según la tradición judía, en el libro de Éxodo, sólo un descendiente varón de Aarón, el primer hombre nombrado sacerdote, puede ser sacerdote en su cultura. El doctor e historiador romano Lucas, nos dice (Lucas 1:5) que el padre de Juan el Bautista, Zacarías, pertenecía a la parte sacerdotal de Abija, y que su esposa, Isabel, era también descendiente de Aarón. Nos dice que Isabel era "prima" (literalmente "pariente de sangre") de María, la madre de Jesús. María era, por lo tanto, también una hija de Aarón. Lucas nos dice que María estaba "desposada con un varón que se llamaba José, de la casa de David." (Lucas 1:27).

En Lucas 1:47, María llama a Dios su "salvador" y demuestra una suma fe y confianza en Dios al someterse a su palabra, expresada por medio del ángel Gabriel, que ella concebiría un hijo al estar prometida con José - una ofensa capital bajo la ley judía a menos de que el hombre comprometido aceptara al hijo como suyo. Debido a este riesgo como una futura madre comprometida pero aún no casada, era necesario que ella pasarasu embarazo en compañía de otra futura madre, su pariente Isabel, que llevaba en su vientre al bebé Juan el Bautista.

El Nacimiento de Jesús

María habría tenido que viajar al pueblo natal de José, Belén, para el censo ordenado por César Augusto. Aquí la familia de José la cuidaría y la mantendría a salvo. Normalmente se dice que Jesús nació en un establo, comúnmente el de una posada, o en una cueva que era usada para albergar animales. Esto está basado en el Evangelio de Lucas (2:7), que narra: Y dio a luz a su hijo primogénito, y lo envolvió en pañales y lo acostó en un pesebre, porque no había lugar para ellos en el mesón".

Sin embargo, la palabra "mesón" usada aquí es '*kataluma*', que es usada tres veces en el Nuevo Testamento. Significa "cuarto de huéspedes".[11] Es traducida de esta manera en las otras dos ocasiones donde se utiliza, en Marcos 14:14: 'El Maestro dice: "¿Dónde está el aposento donde he de comer la Pascua con mis discípulos?", y en Lucas 22:11, "y decid al padre de familia de esa casa: 'El Maestro te dice: "¿Dónde está el aposento donde he de comer la Pascua con mis discípulos?". En contraste, la palabra usada como "mesón" en la parábola del Buen Samaritano es '*pandocheion*', que significa "hostelería", es decir, "casa para la recepción de forasteros". [12]

Dado que José tenía familia viviendo en Belén, es altamente improbable que hubiera llevado a María a un mesón a dar a luz. El hecho de que el decreto romano del censo estaba en vigencia significó que muchos otros miembros de la familia inmediata de José habrían también estado presentes en ese tiempo. En consecuencia, el "aposento de huéspedes" estaba lleno. Sin embargo, la mayoría de las residencias familiares grandes tenían un lugar alternativo que ofrecía calor y la privacidad necesaria para el primer trabajo de parto y alumbramiento de una madre. Cuando estaban construidas sobre cuestas, las casas de esa época frecuentemente tenían, excavado debajo del primer piso, un espacio donde los animales de la familia eran guardados. Combinaba la facilidad de acceso con seguridad para los animales, y el calor creado por los animales ayudaba a proporcionar cierto tipo de calefacción debajo del suelo para la casa misma. Era un lugar obvio para que María pasara las doce horas aproximadamente que toma la primera labor de parto una madre, sin molestar a toda la casa.

Cuando el recién nacido llorando fue arropado en vendas, había un lugar conveniente y cálido para colocarlo cerca - el pesebre de donde los animales eran alimentados. Ahí, María y José recibieron la visita de los pastores, que habían estado cuidando rebaños en las afueras de Belén. Esos eran probablemente los rebaños del Templo que estaba cerca, donde los corderos eran criados para ser vendidos en los mercados del Templo para la siguiente fiesta de Pascua. La Mishná judía [13] dictaba que el ser pastor era una ocupación ritualmente impura bajo la ley judía, pero esos hombres estaban seguramente cuidando los animales sacrificiales que el recién nacido, que ellos adoraron, habría un día de remplazar al ofrecerse a sí mismo en una cruz.

María habría añadido el mensaje de los pastores - "Os ha nacido hoy, en la ciudad de David, un Salvador, que es Cristo (Mesías) el Señor" (Lucas 2:11) a las cosas que el ángel Gabriel le había dicho antes - "Este será grande, y será llamado Hijo del Altísimo. El Señor Dios le dará el trono de David, su padre; reinará sobre la casa de Jacob para siempre y su Reino no tendrá fin." (Lucas 1:32-33). Ahora ella poseía una gran cantidad de información espiritual sobre Jesús, cuyo nombre significaba "salvación". Era el Mesías prometido, el Hijo de Dios y heredero del reino eterno. Y habría de recibir más aliento cuando el bebé Jesús fue llevado al Templo para la ofrenda ritual del primogénito.

Entrada de Simeón y Ana

Lucas 2:22-24: "Cuando se cumplieron los días de la purificación de ellos conforme a la Ley de Moisés, lo trajeron a Jerusalén para presentarlo al Señor (como está escrito en la Ley del Señor: "Todo varón que abra la matriz será llamado santo al Señor"), y para ofrecer conforme a lo que se dice en la Ley del Señor: "Un par de tórtolas o dos palominos."

Habiendo sido circuncidado el octavo día, Jesús es llevado al Templo para cumplir la ley en cuanto a la ofrenda del primogénito al Señor, que es descrita en el libro de Éxodo 13:1-2: "El Señor habló a Moisés y le dijo: "Conságrame todo primogénito. Todo lo que abre la matriz entre los hijos de Israel, tanto de los hombres como de los animales, mío es". Esos rituales eran de enorme importancia para los judíos, y todavía lo son el día de hoy.

Números 18:16 estableció la cantidad que debía ser pagada en el Templo para redimir a los primogénitos varones, un mes después del nacimiento del niño, "Todo lo que abre matriz, de toda carne, tanto de hombres como de animales que se ofrecen al Señor, será tuyo. Pero harás que se redima el primogénito del hombre y harás también redimir el primogénito de animal inmundo. De un mes de nacidos harás efectuar su rescate, conforme a tu estimación, por el precio de cinco siclos, conforme al siclo del santuario, que es de veinte geras." (Números 18:15-16). La alternativa era ofrecer al niño a la comunidad del Templo para ser criado en el servicio del Señor, como Ana había hecho con Samuel muchos años antes. (1 Samuel 1: 27-28).

Junto con la ofrenda del primogénito, había ritos de purificación que debían ser hechos a nombre de la madre post-natal. Estos se llevaban a cabo cuarenta días después del nacimiento de un niño, (6 días para una niña), incluyendo un cordero en holocausto y una paloma como ofrenda de expiación. Los corderos eran caros, por lo que la ley (Levítico 12:8) estableció que si una persona no podía pagar un cordero, otra paloma podía ser ofrecida en su lugar - "La Ofrenda de los Pobres". Los ricos compraban un cordero de los rebaños del Templo, y de ese modo inflaban las ganancias de los saduceos que eran dueños del mercado del Templo. José habría sido remunerado por su trabajo como un *'tekton'* pero no como miembro de la magistratura hebrea. En consecuencia, es poco probable que haya sido un hombre rico. Muy pocos de los maestros lo eran, porque dedicaban la mayoría de su tiempo al no remunerado pero vital servicio a la comunidad israelita. Adicionalmente, existía considerable tensión entre los grupos de enseñanza, que incluían a los fariseos y los sacerdotes saduceos. José probablemente habría estado reacio a contribuir a la forma de vida extremadamente rica de los saduceos más de lo que era absolutamente necesario para cumplir la obligación para con la ley judía. Por lo tanto, él y María ofrecieron una paloma en lugar de un cordero.

En ese momento, María y José aún residían con la familia de José en Belén (a 5 millas / 8 km al suroeste de Jerusalén). Aún no habían recibido la visita de los sabios de Babilonia (Mateo 2:9-12) con sus caros regalos de oro, incienso y mirra, regalos que eran dignos (en calidad y por lo tanto probablemente también en cantidad) de un Rey, que habrían hecho rico a José para los estándares de su época. Pablo escribe en 2 Corintios (8:9), en el contexto de donaciones materiales, que Jesús "se hizo pobre siendo rico por amor a vosotros". Jesús modeló una vida de simplicidad radical, hecha aún más poderosa si él hubiera renunciado su lugar en una familia rica para enseñar, tal y como Francisco de Asís lo haría años después, y le permitiría aconsejar al dignatario rico, (Lucas 18:12-23) desde su experiencia personal. Se narra que los sabios visitaron a Jesús cuando era un '*paidion*' (un niño pequeño), por lo que debió pasar alrededor de un año después de la visita de los pastores al bebé en el pesebre. Sus regalos harían posible que la familia escapara el ataque asesino del Rey Herodes a todos los niños varones menores de dos años. Viajaron a Egipto, donde José hubiera podido encontrar trabajo como un '*tekton*', antes de regresar a Nazaret después de la muerte de Herodes el Grande.

Lucas describe lo que le pasó al bebé Jesús y a sus padres en las concurridas cortes del Templo. Lucas 2:25, "Había en Jerusalén un hombre llamado Simeón. Este hombre, justo y piadoso, esperaba la consolación de Israel; y el Espíritu Santo estaba sobre él." Entrada de Simeón. Lucas narra que él, también, era "justo" - alguien que obedecía la Ley Mosaica. El griego aquí es, nuevamente, '*dikaios*', de la raíz '*dikh*', que significa "justicia"; la ascendencia de Simeón no se narra, sin embargo, puede haber sido un sacerdote. Los sacerdotes que no tenía otra familia podían vivir en el alojamiento de los sacerdotes dentro de las cortes del Templo. [14]

Simeón también era 'devoto'. El griego es *'eulabes'*, alguien que se ha 'arraigado bien' (de *'eu'* - 'actuar bien' y *'lambano'* - 'tomado o procurado'). [15] Él se había "arraigado bien" de la palabra de Dios y estaba viviendo en el bien que él sabía era el plan de Dios para el pueblo de Israel con respecto al Mesías prometido, "la consolación de Israel". En tres ocasiones Lucas nos informa que Simeón estaba ungido con el Espíritu Santo, y también tenía un don "profético". Lucas 2:26, "Y le había sido revelado por el Espíritu Santo que no vería la muerte antes que viera al Ungido del Señor."

Los judíos devotos esperaban la venida del Mesías, el ungido del Dios (el Cristo del Señor). El Mesías era visto como un liberador de la opresión (como los romanos) y restaurador de la vida espiritual del pueblo de Israel, en el mismo estilo que su antepasado ilustre el Rey David. Simeón habría sido uno de esos judíos devotos, con toda probabilidad insatisfecho con la situación política de la ocupación de un poder extranjero y con la corrupción de las familias sacerdotales gobernantes, y esperando ver al Mesías durante su vida.

El Templo fue donde Simeón vivió en sus últimos días, los cuales Dios le había dicho serían prolongados hasta que hubiera visto al Mesías. ¿Esperaba Simeón irse a su hogar final? ¿Estaba cansado de las penurias terrenales? ¿En qué estaría pensando cuando cruzaba la corte del Templo para hacer su viaje habitual al sitio de su deber? No se nos dice, pero fuera lo que fuera, estaba perfectamente sincronizado con el Dios que lo ve todo y sabe todo.

Lucas 2:27-32, 'Movido por el Espíritu, vino al templo. Cuando los padres del niño Jesús lo trajeron al templo para hacer por él conforme al rito de la ley, él lo tomó en sus brazos y bendijo a Dios, diciendo: "Ahora, Señor, despides a tu siervo en paz, conforme a tu palabra, porque han visto mis ojos tu salvación, la cual has preparado en presencia de todos los pueblos; luz para revelación a los gentiles y gloria de tu pueblo Israel."'

Simeón puede haber reconocido a José como uno de los arquitectos del Templo, su joven esposa María (otra descendiente de Aarón), y su bebé recién nacido. Pueden haber existido ya algunos rumores maliciosos sobre la ilegitimidad del niño; ciertamente otros siguieron, ya que Juan narra (8:39-41), 'Respondieron y le dijeron: "Nuestro padre es Abraham." Jesús les dijo: "Si fuerais hijos de Abraham, las obras de Abraham haríais. Pero ahora intentáis matarme a mí, que os he hablado la verdad, la cual he oído de Dios. No hizo esto Abraham. Vosotros hacéis las obras de vuestro padre." Entonces le dijeron: "¡Nosotros no hemos nacido de fornicación! ¡Un padre tenemos: Dios!"'

Simeón bendijo a Dios, '*eulogeo*' que significa "alabar" o "celebrar con alabanzas" (de la raíz '*eu*' que significa "bien", '*logos*' que significa "una palabra"[16]) en la manera tradicional levítica, la bendición profética: que Cristo habría de cumplir la palabra del profeta Isaías, "Yo, el Señor, te he llamado en justicia y te sostendré por la mano; te guardaré y te pondré por pacto al pueblo, por luz de las naciones." (Isaías 42:6). ¿Asustó Simeón a María al tomar al bebé en sus brazos? ¿Pensó que el anciano sacerdote iba a solicitar al recién nacido para servicio en el Templo? ¿O recordaría lo que ya le habían dicho sobre Jesús?

A pesar de que María y José habían sido visitados por el ángel Gabriel, quien les había dicho quién era Jesús, ella y José estaban "maravillados" de la profecía de Simeón. No reaccionaron diciendo "Sí, y hemos oído esto ya de una persona mucho más importante (angélica) que tú", sino que ambos padres "se maravillaron" con asombro - aunque ambos ya lo habían oído de Gabriel. María había oído: "Este será grande, y será llamado Hijo del Altísimo. El Señor Dios le dará el trono de David, su padre; reinará sobre la casa de Jacob para siempre y su Reino no tendrá fin." (Lucas 1:32-33). José escuchó "Le pondrás por nombre Jesús, porque él salvará a su pueblo de sus pecados." (Mateo 1:21). Esas son palabras mucho más asombrosas que las de Simeón. Aún así, los padres de Cristo "se maravillaron" sobre las palabras de que él sería una luz para los Gentiles y la gloria (alabanza) de Israel, cualificaciones que podrían ser cumplidas por cualquier profeta cuyo nombre significaba salvación ("*Y'shua*" - "Jeshua", o "Jesús").

Lucas 2:34-35, "Los bendijo Simeón, y dijo a su madre María: "Este está puesto para caída y para levantamiento de muchos en Israel, y para señal que será contradicha (y una espada traspasará tu misma alma), para que sean revelados los pensamientos de muchos corazones." "Caída" es aquí '*ptosis*', un término usado para párpados caídos; "levantamiento" es '*anastasis*' que significa "resurrección". Para María, había algo más - una "espada larga" le atravesaría el alma ('*psuche*'), que significa "la parte donde el aliento de vida humana reside y la sede de todo lo que percibe y siente humanamente", [17] que es distinto de '*kardia*' - el corazón - "el lugar de pensamiento, razonamiento y voluntad". [18]

Entra Ana. Lucas 2:36-37, "Estaba también allí Ana, profetisa, hija de Fanuel, de la tribu de Aser, de edad muy avanzada. Había vivido con su marido siete años desde su virginidad, y era viuda hacía ochenta y cuatro años; y no se apartaba del templo, sirviendo de noche y de día con ayunos y oraciones" ¡Qué mujer! Tenía el don de profecía, y habló la palabra de Dios para María y José. Su nombre significa "gracia" en hebreo; se le describe como la hija de alguien cuyo nombre significa "la faz de Dios" (Fanuel). Era de la tribu de la cual el patriarca judío Jacob había profetizado en Génesis 49:20, "El pan de Aser (que significa "la palabra de Dios") será substancioso; él dará deleites al rey." A la edad de ochenta y cuatro todavía continuaba con fuerza, haciendo las tareas de baja importancia, (sirviendo, "latreou", "un sirviente asalariado"), tareas que estaban bajo la dignidad de los sacerdotes, y al mismo tiempo oraba y ayunaba. Lucas 2:38: "Esta, presentándose en la misma hora, daba gracias a Dios y hablaba del niño a todos los que esperaban la redención en Jerusalén." El tiempo es perfecto nuevamente y ella responde con "un acuerdo mutuo y reconocimiento y acción de gracias a Dios" - '*anthomologeomai*'.[19] Ana viene y habla sobre el Cristo a todos aquellos a quienes Dios también había reunido como testigos de aquel que habría de rescatar a los habitantes de las colinas gemelas de Jerusalén de las consecuencias de sus pecados.

Lucas 2:39-40, "Después de haber cumplido con todo lo prescrito en la Ley del Señor, volvieron a Galilea, a su ciudad de Nazaret. El niño crecía y se fortalecía, se llenaba de sabiduría y la gracia de Dios era sobre él." Es la narración de Mateo la que describe el viaje intermedio a Egipto, después del cual la familia regresa a Nazaret, que estaba a una corta distancia del pueblo de Séforis, (la capital romana de Galilea), donde habría demanda de las habilidades de José como un '*tekton*'. Jesús, se nos dice, "creció en sabiduría y estatura", que significa el estudio de la Torá y de las tradiciones orales rabínicas judías - la enseñanza de siglos de sabiduría rabínica acumulada, con el estatus que este conocimiento daba en su sociedad. "Gracia para con Dios y los hombres" da a entender los hombres de Dios que supervisaban la enseñanza de la Torá, notablemente los Doctores que enseñaban dentro de las cortes del Templo de Israel.

Capítulo 5

Didaskalô - Uno de los Más Altos Títulos de Respeto

Para poder comprender la identidad humana de Jesús, debemos mirar cómo se relacionaban con él sus coetáneos, y especialmente cómo se dirigían a él. Jesús no apareció de la nada en la escena del primer siglo. Era un hombre de su tiempo, un judío religioso e hijo de un judío religioso en una sociedad donde la ley civil y religiosa eran la misma cosa. Sus devotos padres, María y José, se habrían asegurado de que su excepcionalmente dotado hijo, como se atestigua que Jesús fue, habría estudiado la Torá al nivel más alto posible. La reconstrucción del Templo a una gloria nunca antes vista prometía una nueva era para los estudios judíos, y sin duda habría hecho la asistencia a las escuelas rabínicas ubicadas ahí aún más deseable.

Como un adulto, Jesús se relacionó durante sus tres años y medio de ministerio publico con todo tipo de persona en la sociedad judía. Las narraciones de los testigos están llenas de descripciones de cómo los diferentes grupos dentro de la vida pública, religiosa y legal se relacionaban con él. Todas las narrativas están de acuerdo en que él era tratado con el mayor respeto posible, incluso por sus enemigos; los títulos usados confirman que él era, en efecto, una de las personas más altamente respetadas de su época. Es en los títulos con los que se referían a Jesús que se ve el significado de su estatus personal. Lucas es el único autor de un evangelio que no es judío y es él quien, de todos sus biógrafos, hace más énfasis en el título de Cristo ('*Didaskalôs*') usándolo en quince ocasiones. (Marcos le sigue con doce).

Para dar un ejemplo de esta expresión de respeto, podemos ver el Evangelio de Mateo (8:19-20). "Se le acercó un escriba y le dijo: "Maestro, te seguiré adondequiera que vayas." Jesús le dijo: "Las zorras tienen guaridas, y las aves del cielo, nidos; pero el Hijo del hombre no tiene donde recostar su cabeza." Los escribas eran maestros importantes de la ley judía, y eran altamente respetados dentro de la sociedad judía. Habiendo comenzado como parte de la tradición de copista para preservar la integridad de los manuscritos históricos, habían adquirido un gran conocimiento y pericia para usar la Torá y eran por lo tanto solicitados para resolver gran número de problemas religiosos y legales. Ocupaban posiciones de gran estatus en la sociedad judía, y eran generalmente ricos también. Aunque no se les podía pagar por los consejos que daban, muchos de los que les llevaban preguntas les hacían regalos como signos de piedad, incluso heredándoles casas y tierras. Que un escriba se acercara a Jesús públicamente y dijera "Maestro, te seguiré adondequiera que vayas", era un gran paso para el escriba, y un enorme testimonio de la estima en la que se tenía a Jesús, en ese momento, en los más altos círculos de la vida religiosa judía.

Sin embargo, para entender la estima en la que se tenía a Jesús, miremos más de cerca a cómo el escriba se dirige a Jesús. "Maestro ('*Didaskalô*'), te seguiré adondequiera que vayas." [20] La palabra es traducida como "Maestro"; sin embargo, hay un significado aún mayor de *Didaskalô* que enfatiza con quién estaba hablando el escriba - exactamente quién entendía que era Jesús de Nazaret. '*Didaskalô*' es de hecho el término para "Doctor de la ley" y es comúnmente traducido como "doctores" cuando se usa en referencia a los maestros de la religión judía. [21] ¿Por qué habría una persona rica e importante como un escriba de decir que seguiría a Jesús a cualquier parte? ¿Quién exactamente era el '*Didaskalô*'? La respuesta, que se puede encontrar en Lucas 2:46, proporciona una pista de los dieciocho años "perdidos" de la vida de Cristo y ofrece un entendimiento crucial sobre la vida de Jesús.

La Ocasión Cuando el Niño Jesús se Perdió

Las primeras palabras de Jesús de las que tenemos registro vienen de una sesión de enseñanza en las cortes del templo, cuando tenía doce años. La narración en Lucas 2:41-52 nos dice que había ido, como cualquier buen padre judío se habría asegurado, a Jerusalén para la

Fiesta de Pascua. No hay nada nuevo ahí, todo varón judío que era capaz tenía la obligación de asistir. Pero, a la edad de doce años, justo antes de su Bar-mitzvá y entrada oficial al mundo adulto de su sociedad, algo inusual sucedió. Jesús fue separado de sus padres en un grupo de peregrinos saliendo de la ciudad después del festival y, entre una cosa y otra, cinco días pasaron antes de que se volviera a encontrar con ellos. Fue encontrado, como él lo puso, "en la casa de su Padre" (el Templo en Jerusalén).

La Pascua, que conmemoraba el éxodo de los judíos de Egipto bajo el liderazgo de Moisés, y el establecimiento de la nación de Israel como un estado libre por su propio derecho, era la más concurrida, la más santa, y la más celebrada de todas las fiestas judías. Jerusalén estaba llena hasta el borde con peregrinos - poco antes de la muerte de Cristo, un recuento de los corderos pascuales sacrificados pone el estimado de fieles devotos en alrededor de 2.7 millones (Josefo, *La Guerra judía*, libro 6, capítulo 9,3). Hay toda la posibilidad de que un niño vivaz de doce años pudiera separarse de su padre y madre. Finalmente, Jesús fue encontrado por José y María en las cortes del Templo.

Lucas 2:41-47, "Iban sus padres todos los años a Jerusalén en la fiesta de la Pascua. Cuando tuvo doce años, subieron a Jerusalén conforme a la costumbre de la Fiesta. Al regresar ellos, acabada la Fiesta, se quedó el niño Jesús en Jerusalén, sin que lo supieran José y su madre. Pensando que estaba entre la compañía, anduvieron durante un día, y lo buscaban entre los parientes y los conocidos; pero como no lo hallaron, volvieron a Jerusalén buscándolo. Aconteció que tres días después lo hallaron en el templo, sentado en medio de los Doctores de la ley, ('*Didaskalô*') oyéndolos y preguntándoles. Y todos los que lo oían se maravillaban de su inteligencia y de sus respuestas."

Podemos pensar que "haciéndoles preguntas" significa preguntando para incrementar su conocimiento. En realidad, es el método rabínico judío de enseñanza, donde la respuesta se vuelve obvia para la otra persona por medio de hacer preguntas. Los rabíes enseñaban por medio de un proceso de hacer preguntas que provocarían a los interlocutores a elucidar la verdad por ellos mismos. Los venerables Doctores de la ley estaban asombrados de su "inteligencia" y "respuestas", por lo tanto, a la edad de doce años, Cristo estaba enseñando a los maestros.

Del griego '*didaskô*' (enseñar) se deriva el título usado por Lucas - '*Didaskalô*' - los "Doctores de la ley, los Maestros de Enseñanza". Ellos eran hombres que dirigían las escuelas rabínicas que enseñaban la Torá y las tradiciones orales que se convertirían en la Mishná (el comentario que los rabíes habían compilado sobre la Torá), hombres como Gamaliel, que eran reconocidos y nombrados por el Sanedrín, el concilio judío gobernante de ancianos. Ellos debatían los aspectos más difíciles de la Ley judía, y eran muy buenos para ello. Jesús se había acercado a los '*Didaskalôs*' por su propia voluntad a la edad de doce años, y ellos lo habían aceptado. Que le fuera permitido sentarse con ellos y escucharlos no es especialmente inusual en una sesión pública de debate. Lo que es muy inusual es el comentario de Lucas, "...haciéndoles preguntas. Y todos los que lo oían se maravillaban de su inteligencia y de sus respuestas."

El "Niño Dorado" del Judaísmo

Imagina que eres un maestro de habilidades de futbol - un entrenador de soccer. Trabajas para uno de los equipos ingleses de la primera división - quizá Manchester United. Esas organizaciones siempre están buscando brillantes talentos jóvenes para ficharlos al club, entrenarlos y con suerte jugarán en el equipo adulto en los años futuros y así ayudarán al equipo a alcanzar mayor gloria. En tu academia de jóvenes entra un niño de doce años que toma parte en la práctica. El niño puede hacer que la pelota se curve en un arco horizontal de un ángulo de treinta y cinco grados. Es tan bueno que puede correr en círculos alrededor de los otros jugadores - incluso los adultos profesionales están maravillados por su talento. ¿Qué harías? ¿Dices "Encantado de conocerte, quizá te vea en otra ocasión?" ¿O te acercas a su padre y madre y lo contratas para el equipo?

Ahora, ponte en el lugar de los sabios judíos - los Doctores de la ley - educados teólogos como Gamaliel que enseñaban la Torá en la corte de Israel y estaban obsesionados con sus estudios. ¿Cuál sería tu reacción ante la llegada de tan brillante joven? Esos hombres habrían tenido una reacción - habrían enlistado a Jesús para más visitas. El talento de Jesús, un poco como el David Beckham de la ley judía, era uno que no dejaría que se les escapara de las manos.

Los Doctores de la ley que estaban localizados en el Templo y los rabíes de más alto rango vieron, en el Jesús de doce años, la mente más brillante para su amada Torá judía que jamás habían conocido. Él podía, con unas cuantas preguntas, clarificar las discusiones más complicadas y aclararlas maravillosamente. Cuando los sabios Maestros de la ley se sentaron con él, ellos fueron los que eran instruidos - discipulados - en la Palabra de Dios. Parece, de este ejemplo, que nadie podía discipular a Jesús porque su conocimiento era tan grande que parecía sobresalir de las mejores mentes de las cortes del Templo. "Asombrados" es en este pasaje '*existimi*', lo que significa literalmente "resaltar", describiendo un tal estado de asombro que los ojos literalmente se saltan de las órbitas. [22] Significa "arrojar hacia el asombro", [23] y esos hombres, que vivían para la Ley de Moisés, ciertamente habrían actuado para garantizar que el joven recibiera capacitación como rabí. Ninguna otra reacción tiene sentido desde una perspectiva psicológica humana, y especialmente judía, en hombres que habrían estado eufóricos al encontrar tal hallazgo en un niño judío al borde de su vida adulta.

Josefo (*Antigüedades* libro 4, capítulo 8,12) narra una orden de Moisés "Que los niños también aprendan las leyes, como la primera cosa que se les enseñe, y eso será la causa de su felicidad futura." [24] Jesús habría sido enseñado por José y los rabíes locales en la Escuela de la Torá judía adjunta a la sinagoga en su natal Nazaret, donde la Ley de

Moisés se aprendía de memoria. Habría sido traído a Jerusalén para recibir capacitación adulta rabínica en las escuelas oficiales de teología que operaban desde las cortes del Templo, bajo la supervisión de los Doctores de la ley. Ahí fue también que su futuro apóstol, Saulo de Tarso, fue "instruido a los pies de Gamaliel" (Hechos 22:3), el maestro de la ley oral judía. Jesús claramente tenía un talento asombroso, uno que no podían dejar de asegurar para rabínico la capacitación rabínica, con la bendición de su padre José. Los Doctores de la ley le habrían dicho a José y a María, "Queremos que su hijo regrese a nuestras escuelas". Habrían "reclutado" a Jesús. Lo habrían querido tener en sus escuelas porque habrían visto en él, en el futuro, la llegada de un nuevo siglo de oro de sabiduría y entendimiento judíos. Pudieron haber pensado, en su asombro, que había aquí un niño de la clase de Moisés y el Rey David, ¡y en qué momento! Los paganos romanos habían puesto su imagen (una águila dorada) sobre el portón principal del Templo (Josefo - *Antigüedades* libro 17, capítulo 6, 2). También habían profanado el recinto del Templo al construir un cuartel (llamado Antonia) ahí, incluso conectándolo con las mismas cortes de Templo. El orgullo nacional había tomado varias palizas fuertes con la ocupación romana, y ahora Herodes, un idumeo (el mismo pueblo que su ilustre ancestro Judas Macabeo había conquistado en el levantamiento en contra del gobierno helénico en 167 a.C.) los estaba gobernando. En Jesús, ellos habrían visto una radiante esperanza para el futuro de la fe judía.

Lucas nos dice que Jesús regresó a Nazaret y fue obediente a sus padres. ¿Qué es lo que judíos devotos habrían querido para su hijo que era generalmente reconocido como un genio? Nada más o menos que la capacitación en la escolástica rabínica, ya que esto era entendido como educación en su sociedad. Esta era formalmente representada por los Maestros de la ley, primero en la escuela de la Torá en Nazaret, y después en las escuelas rabínicas de Beit Midrash de las que se habría graduado para estudios superiores en Jerusalén, como todos los estudiantes más hábiles (como Saulo) eran animados a hacer. Habiéndolo conocido una vez, los Doctores de la ley en Jerusalén se habrían asegurado de que sus padres lo trajeran para ser capacitado. No había honor más grande que pudiera serle otorgado. Estaba siendo preparado para la grandeza, con el plan de producir el teólogo más brillante que Israel había visto en siglos, como Gamaliel, quien era uno de los pocos que habían sido llamados "Rabán", - Maestro Rabí. El talento de Jesús le dio muy probablemente una ruta rápida en el proceso educativo judío. El hecho de que Cristo fuera después llamado con el mismo título, (Doctor de la ley) con el que los hombres que conoció cuando tenía doce años, explica lo que estaba haciendo en el periodo de dieciocho años antes de su reaparición en la vida pública a la edad de treinta años, la edad a la que la Mishná otorga con "hablar con autoridad". Él mismo se había convertido en un '*didaskalô*'.

Capítulo 6

¿Un Carpintero Inculto?

La identidad humana de Jesús como un hombre judío ha recibido relativamente poca atención de las tradiciones de enseñanza histórico-críticas predominantemente no judías de las iglesias. (Uso la palabra "tradición" para denotar las escuelas generales de pensamiento dentro de las denominaciones principales del cristianismo.) Algunas han tendido a enfocarse más en la espiritualidad de Cristo que en su humanidad, lo cual ha resultado en un gran volumen de escritos que pueden alejarse de sus raíces judías. Sin embargo, la identidad de Cristo como un hombre judío es esencial en las narrativas en las que encontramos la descripción de él. Para comprender lo que se dice de él, es necesario considerar quién era y qué clase de hombre sus seguidores y oponentes percibían que era.

El origen de Jesús, como hombre, no es el enfoque de los evangelios; más bien, describen su enseñanza y sus milagros, concentrándose más en la afirmación de la divinidad de Jesús que en su identidad humana. Las narrativas tienden a dar por sabido quién Jesús es, humanamente hablando. Linaje, nacimiento y geografía son parte de la narrativa, pero se da muy poco más allá de esos detalles. Cuando nos acercamos al texto desde una distancia de dos mil años de historia humana, la identidad del pueblo, en los términos de como se veían unos a otros, puede esconderse.

Por lo tanto, la mayoría de las interpretaciones de la identidad humana de Jesús tienden a enfatizar a Cristo como un hombre simple y posiblemente inculto. Se piensa que fue criado por y como un carpintero o artesano. A la edad de 30 años, salió y comenzó un ministerio que cambiaría al mundo. Pero Jesús debió haber tenido educación está claro que podía leer y escribir - y la idea de que era inculto contrasta claramente con las normas sociales de su época, donde la instrucción en la Torá era obligatoria para todos los judíos devotos. Para la devota familia judía en la que Jesús nació, la idea de alguna falta en su educación habría sido absurda; el padre judío se aseguraba de que sus hijos, especialmente los varones, fueran educados en la Torá. Los rabíes enseñaban que "los niños deben ser cebados con la Torá como se engorda a un buey en el establo." (*Taldmud de Babilonia* 21.9). Esto era especialmente cierto para los primogénitos. En cualquier sociedad que valora la educación, el describir a alguien como inculto es peyorativo y la sociedad judía valoraba muy altamente el aprendizaje, especialmente de la Torá.

La imagen prevalente de Jesús como un hombre sencillo e inculto es derivada por la mayor parte de Juan 7:15, donde un grupo de peregrinos visitantes judíos en Jerusalén son citados. 'Y se admiraban los judíos, diciendo: "Cómo sabe este letras sin haber estudiado?"' Juan, que era judío, usa el término "judío" para referirse a muchos grupos diferentes. En esta ocasión los que hablan están claramente escuchando a Cristo por primera vez, y están "asombrados". A diferencia de los otros miembros de la multitud que son residentes de Jerusalén (Juan 7:25), estos visitantes no han oído sobre los esfuerzos de las autoridades de tratar de asesinar a Cristo (Juan 7:20). También tratan de acusar a Cristo de estar "poseído por un demonio", por lo que no son fuentes fiables sobre las que se puede construir la doctrina cristiana.

La multitud de Juan 7:15 observa que Cristo "sabía letras" (es decir, tenía gran conocimiento y entendimiento de las escrituras del Antiguo Testamento) sin haber "estudiado" - '*manthanô*'. El erudito W. Vine nota que '*manthanô*' denota "aprendizaje", similar a '*mathetes*', "discípulo". [25] La palabra *manthanô* - "el aprendizaje de un discípulo", es crucial. En aquel tiempo, el aprendizaje rabínico era pasado fielmente de rabí a estudiante, donde la conformidad con la tradición era valorada por encima de ideas nuevas. Cristo rompió el molde por lo que las multitudes que lo escucharon describieron como "¡nueva doctrina, con autoridad!" (Marcos 1:27). No es el caso que la multitud esté diciendo simplemente que "este hombre nunca fue a la escuela". El pasaje también puede traducirse como 'Los judíos estaban asombrados, diciendo "¿Cómo es que este hombre sabe letras, si nunca fue *discipulado?*"' En fuerte contraste con cualquier otro maestro judío, Jesús nunca dio su enseñanza como el discípulo de otra persona, sino que dio su enseñanza que era nueva en lugar de simplemente reproducir los dichos de una generación pasada. Daba esto desde una posición de autoridad humana, (legal) y no simplemente autoridad espiritual. El que un académico de autoridad oficial presentara enseñanza nueva era extremadamente inusual, lo que explica la reacción de sorpresa de la multitud.

El que Jesús fuera capaz de enseñar "con autoridad" en la sinagoga en Cafarnaúm (Marcos 1:22 y 27) indica que debió haber tenido una posición oficial en Israel. El académico Alfred Edersheim nota, "Es al menos cierto que en los tiempos de nuestro Señor, nadie se habría atrevido a enseñar con autoridad sin la autorización rabínica adecuada" (*La Vida y Tiempos de Jesús el Mesías*, p. 382). El hecho que Jesús fue dado una plataforma oficial para enseñar y es descrito como dando enseñanza legalmente autoritativa significa que él había recibido autorización formal para hacerlo. Además de la distinción del término "estudiado" con el significado de "discipulado", también se ha notado que la misma sección de la multitud describe a Cristo en el versículo 20 de Juan capítulo 7 como "poseído por un demonio". ¡Es por lo tanto imprudente darle demasiada credibilidad a sus comentarios sobre la historia escolástica de Cristo!

La idea de que Jesús era analfabeto o inculto ha formado significativamente el pensamiento cristiano. El académico William Barclay ha dicho "Y aquí estaba ese carpintero Galileo, un hombre sin ningún tipo de capacitación, atreviéndose a citarles y explicarles a Moisés." [26] Matthew Henry ha dicho "Nuestro Señor Jesús no fue educado en las escuelas de los profetas, o a los pies de los rabíes, no sólo no viajó para aprender, como lo hacían los filósofos, sino que tampoco hizo uso de las escuelas y academias de su propio país." En lugar de ver a Cristo como un hombre al que eran dados los títulos de reconocimiento religioso oficial, Henry dice en el mismo pasaje: "Cristo no fue enseñado nada de la sabiduría de los judíos; habiendo recibido el Espíritu Santo sin medida, no necesitaba recibir ningún conocimiento del hombre, o por el hombre." [27]

Cristo es presentado como alguien que no era parte de las instituciones religiosas de su época, sino que había adquirido su conocimiento solamente por medio del Espíritu Santo. *Las Notas del Nuevo Testamento* de Albert Barnes dicen, "Los judíos enseñaban la ley y la tradición en celebradas escuelas. Como Jesús no había sido instruido en esas escuelas, estaban asombrados por su conocimiento. No tenemos modo de saber qué enseñanza humana temprana tenía en Salvador." [28] El padre de la iglesia primitiva Agustín de Hipona (354-430DC) también era de la postura de que "ellos (refiriéndose a las multitudes judías en Juan 7) nunca lo habían visto aprender letras, pero lo habían oído debatir sobre la ley, presentando testimonios de la ley, que nadie podría presentar a menos de que hubieran aprendido letras, y por lo tanto se maravillaron. Pero su asombro fue usado por el Maestro como una ocasión para insinuar la verdad más profundamente en sus mentes. Por el hecho, en verdad, de su asombro y palabras, el Señor dijo algo profundo, y digno de ser más diligentemente estudiado y discutido." (*Padres de Nicena y Post-Nicena*, Primera Series, Volumen 7, Tratado 29, 2). Se narra que Jesús leyó del rollo de la Ley de Moisés en la sinagoga en Nazaret (Lucas 4:16-17), lo que no habría sido invitado a hacer si no hubiera sido un miembro respetado de la comunidad judía.

En Juan 7:15 la multitud, formada por visitantes a Jerusalén por la Fiesta de los Tabernáculos, y que no habrían oído a Jesús hablar antes, estaban "maravillados" ante el hecho de que Jesús explicara las Escrituras sin presentarse a sí mismo como el discípulo de una de las existentes escuelas de pensamiento rabínicas. Esto era sin precedente en Israel, donde la enseñanza siempre era dada en el nombre de algún gran sabio del pasado, cuyas ideas el maestro tenía que presentar fielmente. Se le daba tan alto valor a la transmisión de las ideas establecidas de los antepasados que la enseñanza "nueva" no era considerada, necesariamente, como algo bueno para nada. Ya que Jesús no se presentaba a sí mismo como el discípulo de nadie, la multitud pregunta cómo es que tiene la enseñanza que está dando. Como respuesta, Jesús se esfuerza en demostrar que su enseñanza no es suya, sino "de aquel que me ha enviado" (Juan 7:16), con la implicación que su "nueva" enseñanza ha sido recibida directamente de Dios y no de un hombre.

Aunque los registros del Evangelio no dan detalles de los pasos que Jesús tomó entre las edades de 12 y 30 años, la Mishná es clara en decir que 30 es la edad para la oratoria pública autoritativa. Dados los comentarios que envuelven su encuentro con los doctores de la ley en Lucas capítulo 2:47, no es muy difícil llenar el hueco de 18 años entre las dos edades como el tiempo necesario para que Jesús se estableciera formalmente como un rabí en Israel. Como adulto Cristo tenía la habilidad de descifrar los puntos textuales más difíciles de una manera que daba gran claridad a los problemas a tratar, por ejemplo, sus comentarios a los sacerdotes saduceos sobre el concepto de la resurrección que aparece en la Torá (Lucas 20: 27-38). Está claro que ese genio estaba presente a la edad de doce años. Para convertirse en una figura tan popularmente admirada, Cristo habría tenido que estudiar en el sistema, como su padre José quizá habría hecho, e incluso ganó el reconocimiento aún más alto de Doctor de la ley, el título que se le daba frecuentemente, y así ganar igualdad teológica con los académicos que ordenaban a los rabíes y a los que tanto había impresionado como niño. Si él hubiera sido de hecho ordenado oficialmente, habría tenido una licencia oficial para enseñar sin obstáculos en el recinto del Templo mismo, e incluso para expulsar a aquellos quienes él consideraba lo estaban profanando, tales como los cambistas de dinero y los vendedores de animales sacrificiales, incluso permaneciendo ahí al final para dirigir los movimientos de la gente (Marcos 11:16). Jesús hizo esto dos veces sin ninguna interferencia, algo que un hombre normal y corriente no pudo haber hecho sin ser arrestado. Aunque en la segunda ocasión su autoridad para hacer esto es cuestionada, (Mateo 21:23), su derecho a estar ahí en su capacidad de maestro nunca es cuestionada.

Aunque la noción que Jesús "nunca fue educado" es comprensible dada la ausencia en las narrativas de lo que ocurrió en su vida entre las edades de doce y treinta, es inconsistente con los títulos formales de escolástica que se le daban y con las normas sociales y religiosas de su día. Su dependencia en presentar la enseñanza como viniendo de Dios y no del hombre puede resultar, comprensiblemente, en que se le pusiera fuera de las categorías convencionales como maestro, lo que llevó a que tuviera un papel separado de los modelos judíos normales de su día. Sus afirmaciones de divinidad eran imprescindibles a su enseñanza, pero aún operaba dentro de su propia sociedad como un maestro religioso reconocido y oficial, no como una persona itinerante. Esos aspectos humanos de la vida de Jesús nos permitirán verlo más claramente, incluyendo quién sus contemporáneos consideraban que era.

Ahora examinaremos la evidencia que sugiere que Jesús fue de hecho seleccionado para una educación rabínica e incluso capacitación teológica por encima de esa, y veremos qué es lo que se revela sobre su identidad humana.

Capítulo 7

Jesús el Rabí

Si seguimos las historias del Evangelio de la vida de Jesús y comenzamos a unir los diferentes hilos que están contenidos en el evangelio de Lucas sobre lo que le pasó de joven, podemos hacer una hipótesis sobre los movimientos probables de Jesús en su sociedad. En un breve lapso después de su encuentro con los maestros judíos a la edad de doce años, el ahora adolescente y legalmente adulto Jesús habría viajado de Nazaret a Jerusalén a matricularse en una de las escuelas rabínicas de la ciudad. Ahí se habría involucrado en debates y estudiado con las más brillantes mentes legales judías de su época.

Con los otros estudiantes, habría sido formalmente ordenado con la imposición de manos, por un comité nombrado por el Sanedrín, y así se habría convertido en rabí. La imposición de manos era conocida en la ley judía como la "semicha", y era realizada según el ejemplo de Moisés, quien ordenó a setenta hombres como ancianos del pueblo de Israel (Números 11:24-25). Esto incluía la fórmula "Que él enseñe, que él enseñe, que él juzgue, que decida sobre cuestiones de primogénitos, que él decida, que él juzgue." [29] En la época de la Mishná sólo alguien que había recibido la "semicha" podía tomar decisiones religiosas y legales. (Talmun, Sanedrín 5b). En la época de Jesús el título estaba claramente en uso y abuso, como lo demuestra la advertencia de Jesús a sus discípulos en Mateo 23 versículos 7 y 8. Este proceso judío de ordenación formal fue de hecho adoptado por la Iglesia primitiva (1 Timoteo 5:22 y 2 Timoteo 1:6).

Habiendo sido ordenado, Jesús recibió la autoridad formal para enseñar en las cortes del templo, el recinto bajo la jurisdicción directa de los sacerdotes saduceos, algo que Jesús hizo frecuentemente sin interferencia. Los saduceos eran dirigidos por la familia sacerdotal gobernante quienes controlaban el Templo, con sus ofrendas y sacrificios; eran hombres de enorme estatus, riqueza, poder y autoridad dentro de la comunidad judía. Este proceso de ordenación fue establecido en Israel en la época de Jesús como la única manera de legitimar la verdadera ortodoxia dentro de la comunidad judía, y el oficio del Rabí era conferido sólo después de que hubiera ocurrido una examinación del candidato (*Enciclopedia judía,* Funk & Wagnalls, 1901 -1906). No era de ninguna manera una cuestión de autonombramiento.

La posición de rabí era altamente vista en los tiempos de Jesús. Derivada del sustantivo hebreo "rav", que significa "grande" o "distinguido", se convirtió en el título para un amo o un maestro religioso formalmente titulado. La comunidad judía en Babilonia usaba el término "rab", mientras que la comunidad de Palestina usaba "rabí". "El título "rabí" es portado por los sabios de Palestina, quienes eran ordenados por el Sanedrín según la costumbre transmitida por los ancianos, y eran denominados "rabí", y recibían autoridad para juzgar en casos penales; mientras que "rab" es el título de los sabios de Babilonia, quienes recibían ordenación en sus escuelas" (*Enciclopedia judía,* Funk & Wagnalls, 1901-1906).

El primer uso en el registro histórico judío es el caso de Gamaliel I, un contemporáneo de Cristo, quien es citado por Lucas en Hechos 5:34 dando consejo al Sanedrín sobre las actividades de los apóstoles, quienes estaban anunciando la nueva de la resurrección de Cristo de entre los muertos. Se le menciona nuevamente en Hechos 22:3, donde el Apóstol Pablo (previamente conocido como Saulo) relata a una multitud hostil en Jerusalén que él había sido un discípulo del famoso Gamaliel. Siendo el nieto de Hilliel el Anciano, Gamaliel se convirtió en presidente del Sanedrín después de la muerte de su padre. Murió en 52 d.C., dieciocho años antes de la destrucción de Jerusalén. El título estaba por lo tanto en uso en el tiempo de Cristo (Josefo lo usa, como se mencionó en el capítulo 2) y, como se mencionó previamente, había estado sometido a cierta controversia sobre el uso correcto y el orgullo humano que tal término podía evocar, de tal manera que Jesús mismo recomendó a sus seguidores que no lo adoptaran. (Mateo 23:8). Esto parece haber sido debido a que hacía menor la brecha entre ellos y sí mismo, el verdadero Rabí, al mismo tiempo que los separaba de sus compañeros de una manera igualmente poco útil.

El hecho de que Cristo era continuamente llamado Rabí es evidente por los registros de los Evangelios. De los dieciséis usos en relación a Cristo en el Nuevo Testamento, todos menos dos son de su grupo personal de discípulos, frecuentemente relacionado a cuestiones personales tales como la necesidad de comer (Juan 4:31). Las excepciones son Nicodemo en Juan 3:2, quien llama a Cristo tanto "rabí" como "Doctor de la ley", y en una ocasión cuando la gente en la multitud, buscando ver un milagro, se dirigen a Cristo como rabí. (Juan 6:25). Cuando Cristo está siendo tratado por aquellos que no tienen una relación personal como la de los discípulos, se le llama "*Didaskalôs*"- "Doctor de la ley" porque es un título formal de honor más alto que "Rabí".

Estas maneras de dirigirse a Cristo son ocultas por muchas traducciones de la Biblia, que frecuentemente traducen tanto "*rhabbi*" y "*didaskalôs*" como "maestro", sin buscar hacer distinción entre ellos. Sin embargo, para la audiencia judía de Cristo, había una gran distinción, similar a la que existe entre un maestro de escuela y un catedrático de Universidad.

En el caso de Jesús, también existía un elemento "espiritual" que iba más allá del simplemente "académico". Cuando Andrés (un discípulo de Juan el Bautista y hermano del pescador y amigo de Jesús llamado Simón Pedro), escuchó a Juan el Bautista dirigirse a Jesús con un título que denotaba un papel de significado sacrificial hebreo, rápidamente cambió su lealtad como un discípulo de Juan a seguidor de Cristo. Juan

1:35-41, "Al siguiente día estaba otra vez Juan, y con él dos de sus discípulos. Y mirando a Jesús que andaba por allí, dijo: "¡Este es el Cordero de Dios!" Los dos discípulos lo oyeron hablar y siguieron a Jesús. Volviéndose Jesús y viendo que lo seguían, les dijo: "Qué buscáis?" Ellos le dijeron: "Rabí, (que significa "Maestro") ¿dónde vives?" Les dijo: "Venid y ved." Fueron y vieron dónde vivía, y se quedaron aquel día con él, porque era como la hora décima. Andrés, hermano de Simón Pedro, era uno de los dos que habían oído a Juan y habían seguido a Jesús. Aquel encontró primero a su hermano Simón, y le dijo: "Hemos encontrado al Mesías (que significa 'Cristo')."

Se dirigen a Jesús con el título formal de Rabí, que Juan amplía a algo aún mayor - "*Didaskalôs*", o "Doctor de la ley", traducido aquí como "Maestro". La frase "Venid, y ved" es una invitación rabínica para seguirle y recibir su enseñanza, para "oírle hablar".

La respuesta de Andrés a Simón Pedro, su hermano, indica que ha comprendido el significado de lo que Jesús estaba enseñando, al menos a su círculo de discípulos íntimos - que él era el esperado Mesías. La invitación que poco después Jesús dio a Felipe es una clara invitación rabínica para una vida de discipulado - "Sígueme" (Juan 1:43). La rapidez con la que Felipe acepta la invitación e incluso pasa la noticia a su amigo Natanael, quien también se dirige a Jesús como "Rabí", indica el grado de honor con el que recibió la invitación a entrar a una relación cercana de capacitación con el hombre que era visto en tan alta estima. En la sociedad judía tal posición hubiera sido considerada un gran privilegio, hecho que explica hasta cierto punto la gran disposición de los otros discípulos de dejar sus ocupaciones seculares y seguir a tan importante figura pública.

Los otros dos usos de "*rhabbi*" en el Evangelio de Juan son personalmente dirigidos a Cristo. La primera es la pregunta privada que los discípulos dirigen a Jesús sobre de quién había sido el pecado que causó la ceguera del hombre que Cristo había curado en Juan capítulo 9:2. "Rabí, ¿quién pecó, este o sus padres, para que haya nacido ciego?" a lo que Cristo contestó "No es que pecó este, ni sus padres, sino para que las obras de Dios se manifiesten en él." (Juan 9:3).

La última es cuando los discípulos ansiosamente aconsejan a Cristo que no regrese a Judea, bajo los comprensibles términos de que en su última visita había terminado con un atentado contra su vida - "Rabí, hace poco los judíos intentaban apedrearte, ¿y otra vez vas allá?" (Juan 11:8). Ambos usos ilustran la naturaleza cercana y personal de la relación que el término *"rhabbi"* representaba.

Los últimos dos ejemplos (antes de la traición de Judas) de la comunicación personal entre Cristo y uno de sus tres discípulos más cercanos (Pedro) ilustran aún más el uso de ese título. En la "Montaña de la Transfiguración", la transformación de Jesús a una figura de gloria inmensa arroja a Pedro a un estado de confusión. Marcos 9:5- "Entonces Pedro dijo a Jesús: "¡Maestro, bueno es para nosotros que estemos aquí! Hagamos tres tiendas: una para ti, otra para Moisés y otra para Elías." No sabía lo que hablaba, pues estaban asustados." En ese momento, en los últimos días del ministerio de Jesús, Pedro está asombrado por el hecho de que la higuera (que parece simbolizar a la nación de Israel en su estado de infertilidad) se ha secado bajo la orden de Cristo. Es un tipo de presagio profético sobre la destrucción que habría de seguir bajo las manos de los romanos después del rechazo de Cristo por la nación. "Entonces Pedro, acordándose, le dijo: "Rabí, mira, la higuera que maldijiste se ha secado." (Marcos 11:21).

Las últimas ocasiones narradas en las que Jesús es llamado *"rhabbi"* son ambas por Judas Iscariote. La primera es en la Última Cena, donde Judas le pregunta a Cristo, junto con los otros discípulos, si él es quien lo va a traicionar. La última, y quizá la mejor conocida, es cuando Judas traiciona a Jesús con un beso. Mateo 26:48-49, "Y el que lo entregaba les había dado señal, diciendo: "Al que yo bese, ese es; prendedlo". En seguida se acercó a Jesús y dijo: "¡Salve, Maestro!" Y lo besó." La intimidad del saludo del discípulo a su Rabí contrasta marcadamente con el acto de traición más famoso de la historia de la humanidad. El especialista en la lógica William de Ockham estableció un teorema (la navaja de Ockham) según el cual cuando dos teorías en igualdad de condiciones tienen las mismas consecuencias, la teoría más simple tiene más probabilidades de ser correcta - Jesús era llamado "Rabí" y "Doctor de la ley" porque había sido ordenado como tal.

Nazaret

El Evangelio de Mateo (13:54-58) narra una visita que, a los 30 años, Jesús hizo a pueblo natal de Nazaret. 'Vino a su tierra y les enseñaba en la sinagoga de ellos, de tal manera que se maravillaban y decían: "¿De dónde saca éste esta sabiduría y estos milagros? ¿No es éste el hijo del carpintero? ¿No se llama su madre María, y sus hermanos, Jacobo, José, Simón y Judas? ¿No están todas sus hermanas con nosotros? ¿De dónde, pues, saca éste todas estas cosas?" Y se escandalizaban de él. Pero Jesús les dijo: "No hay profeta sin honra, sino en su propia tierra y en su casa." Y no hizo allí muchos milagros debido a la incredulidad de ellos.'

Está claro que a los judíos de Nazaret les costaba trabajo reconocer a Jesús; para conciliar en sus mentes la llegada de este maestro de la Torá con sus recuerdos de él. Su familia natural está todavía "con ellos", lo cual indica que Jesús no lo está. Jesús se alejó y ha vuelto, pero de una manera diferente a los otros miembros de su familia que siguen allí. Jesús ha cambiado. Es capaz de enseñar en su sinagoga, no sólo de leer de los rollos, lo cual indica autoridad rabínica formal y su posición elevado en la sociedad religiosa de aquél entonces. Jesús exhibe sabiduría basada en la Torá, una sabiduría que les asombra, pero que reciben dentro del contexto de su adoración en la sinagoga, es decir, la reconocen como sabiduría judía. Evidentemente no es algo extraño ni completamente fuera de sus tradiciones. Sin embargo, no es la enseñanza rabínica convencional que se esperan escuchar y a la que están acostumbrados. Es nueva, pero respaldada de la autoridad de su sociedad religiosa (Marcos 1:27). También está ejerciendo 'los poderes milagrosos', de la misma manera que sus grandes profetas, tales como Moíses y Elías.

Jesús, como cualquier niño judío inteligente, habría viajado a Jerusalén a los catorce años para recibir capacitación en la Torá oral en el Bet Midrash (lo que equivale a su universidad), como hizo Saulo de Tarso, por ejemplo. Los padres de Jesús, siendo judíos devotos, habrían hecho una romería a Jerusalén tres veces al año para celebrar las fiestas obligatorias, así que Jesús no tenía por qué volver a casa para ver a sus padres. El público de Nazaret entonces no lo veía desde hace 16 años, cuando empezó su ministerio público rabínico a los 30 años, de acuerdo con la Torá oral. De un adolescente pubescente ha llegado a ser un adulto maduro, y ahora tiene el título más exaltado de Doctor de la ley, y está acompañado de un grupo de discípulos. Una multitud pueblerina reacciona generalmente en una de dos maneras a tal vuelta a casa. O recibirán a su niño local que ha tenido éxito con mucho gusto o envidiará el éxito del que él ha gozado, mientras ellos no han gozado del mismo. En este caso, la gente de Nazaret no puede conciliar sus recuerdos de un adolescente con granos con este maestro barbudo, rodeado de su grupo de discípulos que lo admiran, y se caen en la envidia.

Capítulo 8

El Contacto Posterior de Jesús con su Primo, Juan el Bautista

Con la ordenación de Jesús, un nuevo rabí había llegado a Israel, ¡y que tan grande maestro era! Habiendo sido visto como un gran prodigio - un tipo de "hijo predilecto" del que se habrían esperado grandes cosas - se había convertido en un poderoso maestro de la Palabra de Dios, alguien a quien las grandes multitudes seguían. No era solamente un Rabí ordenado, pero había progresado aún más, como se va a mostrar, para calificar como Doctor de la ley.

Como la estrella más brillante que había surgido por muchos años, o incluso jamás, dentro de la comunidad religiosa judía, habrían puesto varias expectativas sobre él. Como un Doctor de la ley, se habría esperado que estableciera su propia escuela de enseñanza rabínica, según el patrón de Hillel y Shammai. Habría existido un gran número de estudiantes con buenas conexiones que habrían deseado matricularse para aprendizaje rabínico bajo su tutela. Uno de ellos pudo incluso haber sido Saulo de Tarso. Ciertamente se tenía a Cristo en muy alta estima, de tal forma que incluso los escribas buscaban unirse a sus seguidores.

La posición de discípulo bajo un Doctor del prestigio de Jesús era una posición altamente respetada en la sociedad de la época, porque sus seguidores habrían de representarlo formalmente en los años a seguir. La habilidad de Cristo en lo que era la parte más importante de la sociedad judía - el conocimiento de la Ley de Moisés - significaba que él tenía un estatus sin paralelo en la sociedad moderna del Occidente. Para algunos él habría parecido ser la esperanza para la nación en su lucha contra la ocupación romana, tal y como Judas Macabeo lo había sido anteriormente en el tiempo del imperio seléucido. En diferentes frentes, las expectativas que había sobre él por parte de los cuerpos judíos gobernantes y académicos religiosos habrían sido muy altas.

Pero, en cierto momento, desde la perspectiva de los colegas académicos de Jesús, las cosas comenzaron a ir mal. Parece haber comenzado con una visita que Jesús hizo a su región natal de Nazaret. Ahí su primo, un hombre conocido como Juan el Bautista, estaba enseñando y bautizando en el Río Jordán; proclamando un poderoso mensaje a sus seguidores sobre el regresar a Dios. Por tal razón era popularmente visto como hablando de parte de Dios de manera "profética".

La madre de Juan, Isabel, nos dice Lucas (1:36) era pariente (familiar cercana, frecuentemente traducido como "prima") de la madre de Jesús, María. Jesús, unos cuantos meses más joven que Juan, (su primo segundo), lo habría conocido bien como un familiar cercano en sus años formativos. A diferencia de Jesús, Juan parece haber escogido la vida más asceta de un recluso del desierto, en cierta forma al estilo de la devota comunidad de fe judía de los esenios, localizados en el desierto. Ellos eran judíos que rechazaban el edificio del Templo influenciado por los romanos y por lo tanto sus prácticas como corruptas, a punto tal de que tenían su propio calendario religioso (un calendario solar), que difería del calendario lunar oficial del Templo.

Además, preservaban los manuscritos de la Torá Hebrea (incluyendo los rollos del Mar Muerto). También tenían casas en los pueblos y ciudades judías, y es probable que Jesús también tuviera contacto con ellos. De hecho, la casa que hospedó su "Última Cena" puede haber sido una residencia esenia, dada la aparente ausencia de una mujer que sirviera cargando el agua. Josefo parece haber estado impresionado con su forma de vida y comenta extensivamente sobre ellos, diciendo que eran "judíos por nacimiento, y parecen tener un mayor afecto unos por otros que la que tienen otras sectas…, estiman la continencia, y la conquista sobre nuestras pasiones, como virtud. Odian las riquezas, y son tan comunicativos que causan nuestra admiración. Tampoco hay ninguno de ellos que tenga más que otro, porque es una ley entre ellos que los que se les unen deben poner lo que tienen en común con toda la orden... No tienen una sola ciudad, pero muchos de ellos viven en cada ciudad... En cuanto a su piedad hacia Dios, es verdaderamente extraordinaria. Son eminentes por su fidelidad, y son los ministros de la paz; cualquier cosa que dicen es también más firme que un juramento; pero evaden jurar, y lo ven peor que perjurio porque dicen que aquel que no puede ser creído sin jurar por Dios ya está condenado". (*La Guerra Judía* libro 2 capítulo 8, 2-6).

Los gobernantes Maestros de la ley en Jerusalén ya habían mandado oficiales para investigar formalmente la enseñanza dada por Juan. Juan parece haber sido un personaje algo brusco. No hizo nada para promover su causa con los gobernantes judíos, quienes mantenían la adherencia a la Ley de Moisés, y cuyo trabajo era ver que no surgieran heréticos de entre el pueblo que los guiaran a descarriarse de la Torá. El Evangelio de Mateo, capítulo 3:7-10, describe el grupo de inspección de fariseos y saduceos, quienes habían venido del Templo para ver lo que este nuevo maestro estaba enseñando, siendo rechazados por Juan. "¡Generación de víboras!, ¿quién os enseñó a huir de la ira venidera? Producid, pues, frutos dignos de arrepentimiento, y no penséis decir dentro de vosotros mismos: "A Abraham tenemos por padre", porque yo os digo que Dios puede levantar hijos a Abraham aun de estas piedras. Además, el hacha ya está puesta a la raíz de los árboles; por tanto, todo árbol que no da buen fruto es cortado y echado al fuego."

¡Duras palabras! ¡No se da cuartel! Juan parece discernir que algo no está bien en el corazón de la práctica religiosa representada por esas autoridades del Templo. "La ira ya viene. El hacha ya está puesta a la raíz de los árboles."

El ministerio franco de Juan hizo que no tardara mucho tiempo antes de que cayera de la gracia del gobernante romano local, Herodes Antipas, hijo de Herodes el Grande. Juan fue ejecutado a petición de la esposa recientemente adquirida de Herodes, quien había sido previamente la esposa de su hermano Felipe. (Lucas 3:19). ¿Pero que tiene todo esto que ver con Jesús? Las autoridades han de haber sabido que Jesús y Juan eran primos. Si esto es el caso, no fue suficiente para causar oleadas discernibles de inquietud dentro de la jerarquía gobernante. Esto es, hasta que Jesús regresó de una visita a Nazaret, donde fue a ser bautizado por su fogoso primo en el río Jordán. En ese momento, "subió enseguida del agua" (Mateo 3:16) y algo sucedió. Mateo y Lucas nos dicen que "los cielos le fueron abiertos, y vio al Espíritu de Dios que descendía como paloma y se posaba sobre él." Algo que fue visible para todos. Y eso no fue todo. Una voz vino del cielo, "Este es mi Hijo amado, en quien tengo complacencia." Una voz que, parece, fue claramente audible para todos (a diferencia de las otras ocasiones donde la Biblia narra que Dios Padre hablo desde los cielos). Noticias de esto habría llegado a Jerusalén rápidamente.

¿Se ha cambiado de bando el "Niño Dorado"?

Desde ese momento, todo cambió en la vida de Jesús, el rabí prodigio y Doctor de la ley de Nazaret. Aunque tenía licencia oficial para predicar en las cortes del Templo y en las sinagogas por toda la tierra de Israel, su vida se vuelve mucho más desafiante y arriesgada. Pasó cuarenta días orando y ayunando en el desierto, enfrentando y venciendo a la tentación que venía nada menos que del diablo mismo.

Su ministerio rabínico público continuó, pero tenía una nueva dimensión. Comenzó a hablar abiertamente sobre lo que parecía, para sus admiradores y patrocinadores en Jerusalén, unas intenciones nuevas. Israel, parecía, ya no era el único o más importante grupo de gente en la que Dios estaba interesado. En su pueblo natal de Nazaret, donde como un respetado y ascendiente rabí y Doctor en Israel, se le entregó el rollo para que leyera y predicara sobre este tema (Lucas 4). El sermón de Jesús sobre el lugar de Israel en el plan de Dios incluía ciertas verdades que no eran fáciles de escuchar, de tal manera que los gobernantes de la sinagoga trataron de matar a Jesús en ese mismo momento y lugar.

Lucas 4:25-30, "'Y en verdad os digo que muchas viudas había en Israel en los días de Elías, cuando el cielo fue cerrado por tres años y seis meses y hubo una gran hambre en toda la tierra; pero a ninguna de ellas fue enviado Elías, sino a una mujer viuda en Sarepta de Sidón. Y muchos leprosos había en Israel en tiempo del profeta Eliseo, pero ninguno de ellos fue limpiado, sino Naamán el sirio. Al oír estas cosas, todos en la sinagoga se llenaron de ira. Levantándose, lo echaron fuera de la ciudad y lo llevaron hasta la cumbre del monte sobre el cual estaba edificada la ciudad de ellos, para despeñarlo; pero él pasó por en medio de ellos y se fue."

Esto ciertamente habría sido reportado al cuartel central en Jerusalén. Algo parecía haber salido mal con su prodigio; su enseñanza parecía estar dirigida a desafiar a la jerarquía judía en formas con las que se sentían extremadamente incómodos, casi amenazados. Pero las cosas se iban a poner peor. Los judíos estaban muy familiarizados con su herencia espiritual, con hombres como el profeta Elías quien había predicho una gran sequía y quien había ayudado a librar a la tierra del culto a Baal (1 Reyes 17 y 18). Pero no se dijo de ninguno de los grandes profetas en la historia judía que tenía un ministerio de liberación de espíritus malignos, como Jesús había comenzado a hacer públicamente. Mientras este ministerio era practicado en los tiempos de Cristo (Lucas 11:19), Jesús estaba rompiendo las expectativas convencionales de los gobernantes a un paso alarmante; todo esto habría preocupado claramente a sus colegas académicos en Jerusalén.

Pero por otra parte, había sanaciones e incluso milagros en el estilo de la tradición profética de los judíos, tales como la sanación de lepra del Namán, el sirviente del Rey de Aram (2 Reyes 5). Los primeros patrocinadores de Jesús en Jerusalén quizá pensaban "Excelente enseñanza, curaciones milagrosas - quizá todavía podamos hacer algo con él - este hombre ciertamente tiene algo muy especial."

Después de su pequeño contratiempo en la sinagoga de su pueblo natal, Jesús hizo lo que todos los rabíes hacían: reunió un grupo de seguidores para que fueran sus discípulos - personas a las que enseñaría. Jesús mismo parece haberse graduado sin unirse formalmente a ninguna escuela de pensamiento rabínica en particular, con toda probabilidad las trascendía a todas.

Para un maestro en Israel, la enseñanza o educación ocurrían por medio de un proceso de discipulado (un tipo de capacitación o aprendizaje en las leyes y tradiciones judías). Como se ha mencionado previamente, la palabra griega comúnmente usada para el estudio de discipulado es '*manthano*', definido como "aprender" (similar a mathetes, "un discípulo"), "incrementar el conocimiento propio" o "ser incrementado en conocimiento". [30] Los rabíes comúnmente se referían a sí mismos como discípulos de otro rabí, mayor en edad. Jesús era insólito porque no pertenecía a esta categoría. No se presentaba como habiendo sido discipulado por ninguno de los grandes maestros en Jerusalén. Jesús probablemente acabó enseñándoles y discipulándoles, tal y como cuando tenía doce años - algo que no se prestaba bien a la dignidad rabínica adecuada. Parece que Jesús iba más allá de los estándares normales de protocolo judío. Está claro que no se unió a ningún maestro rabínico, sino que tomó él mismo ese papel de una manera única.

El ministerio de sanaciones y milagros de Jesús lo ponían en un nivel diferente a todos los otros rabíes en Israel. Su enseñanza era también única. Jesús no estaba simplemente transmitiendo lo que otros sabios le habían enseñado; estaba enseñando de una manera nueva y original. Por eso la congregación de la sinagoga en Cafarnaúm "se admiraban de su doctrina, porque les enseñaba como quien tiene autoridad." (Marcos 1:22 y 27). Jesús combinaba autoridad rabínica claramente reconocible con una presentación de la enseñanza que no había sido escuchada antes ni transmitida dentro de las tradiciones judías. Y cuando se trató de escoger discípulos para sí mismo, Jesús se demostró ser una decepción para sus colegas más venerables en las escuelas rabínicas en Jerusalén.

Capítulo 9

La Elección de Discípulos del Rabí Jesús

Las autoridades religiosas en Jerusalén habrían tenido sin duda muy buenos candidatos que les habría gustado ver incluidos en la compañía de Jesús como sus discípulos. Su consternación debe haber sido grande cuando Jesús llegó en Jerusalén, recién regresado de una visita a su pueblo natal, con un grupo de las personas más desfavorables e incultos que se podían imaginar. En contraste con Cristo mismo, ninguno de los discípulos parece haber tenido capacitación académica.

De hecho, Jesús parece haberlos escogido más basado en lazos familiares y amistades personales que aptitudes educativas. Incluido entre ellos estaba un pescador bastante impetuoso llamado Pedro, y sus compañeros de negocios quienes eran otros de los primos de Jesús, llamados Santiago y Juan, los hijos de Zebedeo. Se les conocía por sus temperamentos fuertes, su apodo era "los hijos del trueno". Ellos eran hombres que habían crecido con Jesús - Santiago y Juan eran sus primos, mientras Pedro y Andrés eran compañeros en un negocio de pesca y amigos de Santiago y Juan desde la infancia y por lo tanto también de Jesús. Felipe era un viejo amigo de Pedro y Andrés que venía de Betsaida (literalmente "casa de pesca"), una aldea en la orilla noreste de Lago de Galilea.

Había un colector de impuestos - un impopular traidor renegado - llamado Leví (Mateo). Su regreso al Dios de Israel y rechazo de su lucrativo puesto asignado por los romanos de recolector de ingresos públicos no hicieron mucho para mitigar sus orígenes dudosos para el papel de discípulo de tan prestigioso y popular rabí. Había incluso un fanático zelote anti-romano llamado Simón dentro del grupo, algo que habría preocupado extremadamente a los colegas saduceos de Jesús. Los saduceos dependían de la protección romana para mantener su posición, de un cierto tipo de colaboración no oficial. También había un cierto tipo dudoso llamado Judas, de Kerioth en Judea del Sur, a quien Jesús había puesto a cargo del dinero, aparentemente sin pensarlo mucho. Después, estos hombres fueron elevados del rango de "discípulo" a "apóstol", "alguien enviado en una misión" [31] por su rabí. Fueron escogidos para estar en el exclusivo círculo de conocidos cercanos de Jesús, y han de haber sido una clara desilusión para aquellos en Jerusalén que habían tenido tan altas esperanzas sobre el más brillante estudiante y maestro que jamás habían encontrado.

La presteza con la que estos hombres dejaron sus trabajos para seguir a Jesús es en gran parte un indicador de la alta estima en la que se tenía a Jesús en la sociedad de su época. No estaban abandonando su forma de ganarse la vida de manera arriesgada solamente como un paso de fe. Se estaban uniendo como asociados a uno de los más respetados miembros de la sociedad religiosa judía, algo que era visto como un gran honor y privilegio; un privilegio que estaba asociado con el recibir una educación sobre la altamente apreciada Torá judía que de otra manera les habría sido inaccesible.

No puede haber duda de que Jesús era en verdad un rabí, y reconocido públicamente como tal. Esto puede ser visto en un incidente durante su llamamiento a los primeros discípulos en su región natal de Galilea, descrito en Juan capítulo 1. Un conocido de la infancia llamado Felipe, quien había respondido a la invitación de Jesús de tomar el prestigioso lugar como uno de sus discípulos (¡Gloria y fama seguramente le esperaban!) había ido a su aldea, Betsaida, y reclutado a uno de sus mejores amigos, Natanael. Usó las palabras, "Hemos encontrado a aquel de quien escribieron Moisés, en la ley, y también los Profetas: a Jesús hijo de José, de Nazaret." Esto quiere decir "¡Tienes que conocerlo! La respuesta de Natanael fue algo fría, demostrando cierto prejuicio geográfico. "¿De Nazaret puede salir algo bueno?", preguntó. Al acceder a conocer a Jesús, Natanael encuentra a Cristo haciendo una declaración "profética" sobre él: "Aquí está un verdadero israelita en quien no hay engaño." Natanael era un hombre devoto, quien había estado, según la costumbre, orando a la sombra de una higuera. Jesús le dijo: "Antes de que Felipe te llamara, cuando estabas debajo de la higuera, te vi (*proféticamente en una visión*)". Entonces Natanael declaró: "¡Rabí, tu eres el hijo de Dios! ¡Tú eres el Rey de Israel!" (Juan 1:49 - *palabras en itálicas son mías*). El descubrimiento inspirado de Natanael es anunciado con el título oficial de Jesús, "Rabí". Él no ve a Cristo como un disidente no oficial solitario tratando de esparcir la sabiduría judía, sino alguien quien tenía un título oficial de un alto oficio en la comunidad judía.

Prueba del Reconocimiento oficial del Sanedrín

¿Cómo podemos estar seguros de esto? El Sanedrín era quien nombraba a los rabíes oficiales. Jesús era ciertamente aún visto con alto honor por el Sanedrín (el concilio gobernante) cuando regresó a Jerusalén para la Pascua, como puede ser visto en la descripción de un evento al inicio del ministerio público de Jesús en el Evangelio de Juan capítulo 2. Sucedió en Jerusalén, en la parte del Templo conocido como los "bazares de Anás". Anás era el Sumo Sacerdote cuya familia gobernante dominaba el altamente redituable sistema sacrificial, y Jesús había hecho algo muy notable, algo que, para cualquier otra persona, hubiera llevado al encarcelamiento seguro.

¿Qué es lo que había hecho? Había entrado a las cortes del Templo (donde como Doctor de la ley, estaba legalmente autorizado para enseñar), había expulsado a los animales sacrificiales que eran la propiedad de los saduceos, y había volcado las mesas de aquellos que trabajaban bajo licencia de los saduceos. Esto era exactamente la clase de conducta por la cual la Guardia del Templo existía para prevenir e intervenir. Los cambistas de dinero eran oficialmente nombrados para cambiar, por una cuota, el dinero "impuro" de los romanos a las monedas ritualmente puras del Templo usadas para comprar los animales que los fieles usaban en sacrificio. Los vendedores de los animales sacrificiales también eran nombrados por el Sumo Sacerdote y eran la única fuente aprobada de ofrendas para uso en el Templo y eran por lo tanto una fuente de ingresos muy importante para los sacerdotes. Al expulsarlos del patio del Templo, Jesús le dio un golpe al corazón mismo del imperio financiero de los saduceos. Se le preguntó entonces, con toda la razón, "Ya que haces esto, ¿qué señal nos muestras?" (Juan 2:18); pero su respuesta enigmática ("Destruid este Templo, y en tres días lo levantaré") fue suficiente para que escapara arresto o incluso censura de ninguna clase de parte de las autoridades. Jesús claramente tenía el derecho de estar ahí. ¡Y claramente también tenía la "chutzpa" o el valor para hacerlo y salirse con la suya! Si en verdad tenía un papel teológico oficial, con los títulos tanto de Rabí como de Doctor de la ley, habría tenido la autoridad para hacer esto. Y en verdad, todos los judíos devotos habrían admitido que no era correcto convertir el Templo en un mercado, por lo que el acusarlo de haber hecho mal habría sido difícil. La economía y el orgullo de los saduceos fueron dañados, pero Jesús estaba actuando en una manera que ellos no podían prevenir con la fuerza de seguridad del Templo y policía, la Guardia del Templo. Quizá su respuesta a las acciones de Jesús pudo haber sido: "Él es tal prodigio, tan brillante - debemos esperar cosas así de él."

Jesucristo, Rabí y Didaskalôs

El hecho de que el estatus de Cristo era marcado por dos de los más respetados títulos que la jerarquía religiosa judía podía dar puede ser visto claramente en Juan 3:2. Ahí, Nicodemo se dirige a Jesús de esta manera: "Rabí ('*Rhabbi*'), sabemos que has venido de Dios como Maestro, ('Doctor de la ley' - '*Didaskalôs*') porque nadie puede hacer estas señales que tú haces, si no está Dios con él."

Nicodemo era un miembro del Sanedrín, el concilio gobernante de setenta y un anciano de Israel que formalmente ordenaban a los rabíes y los Doctores de la ley. Se dirige a Jesús usando ambos términos, algo que no habría hecho si Cristo hubiera sido simplemente un carpintero itinerante con el don de enseñanza. Nicodemo era fariseo (un defensor estricto de la ley mosaica), y habría representado la posición de otros fariseos en el concilio gobernante judío. Quizá Nicodemo deseaba hablar con Cristo sobre el incidente reciente del mercado del Templo, ya que Jesús había relativa recientemente causado un gran tumulto al expulsar a los cambistas de dinero y los vendedores oficiales de animales sacrificiales.

Como fariseo, Nicodemo representaba el otro extremo del espectro religioso en el Sanedrín, opuesto a los saduceos, quienes tenían grandes ganancias del Templo, y vivían vidas ricas y extravagantes. Los fariseos venían en diferentes versiones, pero por la mayor parte vivían vidas simples, devotas y temerosas de Dios. Nicodemo vino a ver a Jesús en la noche. Esto es frecuentemente visto como una indicación de que tenía miedo a ser visto visitando a Jesús, pero en realidad era la hora normal en la que los rabíes atareados se reunían con otros rabíes. Muchos de ellos tenían trabajos seculares durante el día por medio de los cuales se mantenían a sí mismos y a sus familias, además de sus estudios y el tiempo que pasaban enseñando la Torá. No hay ninguna razón para suponer que Nicodemo estaba actuando de forma diferente a la de un miembro del Sanedrín que tenía todo el derecho a entrevistar a Jesús sobre los eventos recientes en el Templo.

Jesús estaba en una posición afortunada porque podía dedicarse tiempo completo a la enseñanza. Ahora dependía del apoyo de sus seguidores, y notablemente, incluyendo mujeres, quienes contribuían económicamente, quizá reconociendo el cambio innovador en el que Jesús las colocaba, en una situación de igualdad con los hombres al poder compartir en su enseñanza, en lugar de ser excluidas. La exclusión de las mujeres era la práctica rabínica normal de la época y lo es todavía en la actualidad en algunos círculos judíos ultraortodoxos.

Nicodemo está como mínimo hablando a nombre de sus colegas fariseos cuando dice "Rabí, sabemos que eres un "Doctor de la ley" enviado por Dios". Es difícil imaginar una serie de títulos complementarios más grande. Nicodemo habría conocido personalmente a los ancianos que habían ordenado a Cristo primero como rabí y después como Doctor de la ley. El decir que Cristo era "de Dios" es evidencia de su disposición en ese momento de aceptar también un papel profético. De hecho, Nicodemo puede haber sido parte del comité de ordenación del Sanedrín, porque Jesús se dirige a él usando el mismo término, *Didaskalôs* - "Tú, que eres el Maestro de Israel, ¿no sabes esto?" (Juan 3:10).

Un Doctor de la ley está hablando con otro Doctor de la ley sobre un punto teológico en particular, el "nacer de nuevo". Jesús explica el significado del concepto, y en lugar de no comprenderlo, Nicodemo comprende tan bien la simplicidad del concepto que le es imposible aceptarlo. Es demasiado simple para tan erudito Maestro de la ley, quien prefiere tratar con complejidades teológicas. Su primera respuesta a Cristo es: "¿Cómo puede un hombre nacer siendo viejo? ¿Puede acaso entrar por segunda vez en el vientre de su madre y nacer?" (Juan 3:4).

Hay dos explicaciones populares para esta respuesta, y ambas desacreditan no solo a Nicodemo, sino también a Jesús. Éstas son: (1) Nicodemo no entendió lo que Jesús quería decir y estaba pidiendo una explicación. (2) Nicodemo pensó que lo que Jesús estaba diciendo era absurdo y lo está ridiculizando - "Tengo que regresar al vientre de mi madre... ¡tonterías!" Sin embargo, ninguna de las explicaciones es lógica.

Jesús era considerado como un maestro brillante; Nicodemo había iniciado la conversación con "Sabemos que eres un Maestro enviado por Dios." Él y los otros miembros de por lo menos su sección en el Sanedrín (compuesta por otros fariseos) habían escuchado a Jesús enseñar en distintas ocasiones y estaban asombrados por la calidad de su enseñanza. Es poco probable que el relato de Juan nos dé la transcripción completa de la charla de Jesús con Nicodemo, sino que sólo los titulares - extractos cortos en resumen. Jesús probablemente habló con Nicodemo por lo menos por 20 o 30 minutos, no los dos minutos que el diálogo en Juan 3 se tomaría en completar. Es por lo tanto altamente improbable que Jesús no habría llevado a Nicodemo a la comprensión del significado de "nacer de nuevo".

La única explicación razonable es que Nicodemo comprendió completamente lo que Jesús dijo, pero que simplemente no pudo aceptarlo; era demasiado grande para captarlo. O más bien, con el peso de su conocimiento religioso, era demasiado pequeño para captarlo. El concepto de ser como un bebé recién nacido delante de Dios en dependencia simple en él parecía demasiado simple para ser verdad. Su respuesta de asombro sale de su lucha para aceptar su verdad.

La segunda explicación (que la respuesta de Nicodemo era de ridiculizar) tampoco coincide con los hechos sabidos, porque queda claro en el pasaje que Nicodemo conocía a Cristo y lo tenía en alta estima. Se dirige a Cristo con los términos de más alto respeto. "Rabí, sabemos que eres un Maestro enviado por Dios" ¿Porqué? "…porque nadie puede hacer estas señales que tú haces, si Dios no está con él." Nicodemo está diciendo que Jesús es (1) un rabí, (2) un (gran) Doctor de la ley, (3) venido de Dios, y (4) hacedor de milagros. Es absurdo sugerir que un hombre con la formación de Nicodemo ridiculizaría a un hombre así; claramente estima demasiado a Cristo como para hacer eso. Nicodemo habría tenido demasiada experiencia trabajando con otros rabíes, quienes frecuentemente usaban ideas aparentemente absurdas para transmitir una verdad espiritual; ciertamente no se está burlando de Jesús.

La única explicación razonable a la respuesta de Nicodemo es que está usando una expresión típica judía - una pregunta retórica hiperbólica. Es retórica porque Nicodemo piensa que ya sabe la respuesta, aunque lo que él piensa es bastante diferente a lo que Jesús quiere decir. Es hipérbole porque es una manera exagerada de expresar un punto de vista. Es como si, cuando se le pide que camine una gran distancia, responda preguntando, "¿y después de eso, quieres que camine a la luna?" La exageración refuerza el punto de que lo que se está pidiendo no es razonable.

Jesús también usó la hipérbole como medio para reforzar su enseñanza; todos los rabíes lo hacían. Cuando Jesús compara a un hombre rico entrando al reino de los cielos desfavorablemente con un camello pasando por el ojo de una aguja, está diciendo que es improbable que ambos sucedan naturalmente (porque la gente rica tiende a confiar en sus riquezas en lugar de confiar en Dios). En este caso de hipérbole Lucas el médico ha narrado que era la aguja de un cirujano (Lucas 18:25). Por siglos, ha habido un mito circulando sobre una puerta pequeña en la muralla de Jerusalén llamada "el ojo de aguja". No hay ninguna evidencia arqueológica o histórica de tal puerta - no existe ninguna evidencia de la existencia de tal lugar. Más bien, un animal grande pasando por "el ojo de una aguja" era un dicho proverbial famoso en aquel tiempo, significando algo imposible.

Nicodemo está diciendo, "Lo que estás pidiendo, Jesús, no es posible. Es tan imposible como la idea de que yo me encogiera o el vientre de mi madre se expandiera para que yo pudiera regresar a él." Su primer comentario ha sido extensamente incomprendido. "¿Cómo puede un hombre nacer siendo viejo?" Esa frase es popularmente traducida al español como una pregunta, pero el griego podría ser igualmente interpretado como una exclamación. Está diciendo, "¡Es realmente posible! ¡Imagínate si pudiera comenzar nuevamente con Dios!" Pero su razonamiento humano reacciona y su reacción es que es tan imposible como el concepto de regresar al vientre. Pero Jesús no se dio por vencido. Se lanzó a una serie de enseñanzas diseñadas para responder a la necesidad de Nicodemo de revelación como un judío inmerso en la historia de salvación de Israel.

Juan no nos dice si Nicodemo fue convencido esa noche. La ausencia de tal comentario insinúa que no - que tarda más tiempo para caer en la cuenta. Pero que Jesús estaba establecido en aquel tiempo en los ojos de las autoridades religiosas gobernantes y con el público como rabí, Doctor de la ley, y hacedor de milagros, de eso no puede haber duda. Juan narra (7:50) que Nicodemo habló a favor de Cristo a los fariseos gobernantes y que más adelante, después de la muerte de Cristo (19:39), trajo una gran cantidad de muy costosos materiales para embalsamar para el cuerpo, con un gran riesgo político para sí mismo. Por lo tanto es altamente probable que finalmente aceptara lo que Cristo le había dicho.

Capítulo 10

Jesús y el Sanedrín

El hecho de que Jesús era capaz de enseñar sin obstáculos en las cortes del Templo es evidencia de la posición oficial que tenía dentro de la sociedad judía. Cuando sus discípulos trataron de hacer lo mismo después de su muerte (como se narra en Hechos 3:11-26), con razón fueron arrestados por la Guardia del Templo (la fuerza policial oficial del Templo) debido a que no tenían licencia para enseñar ahí. Los discípulos, Pedro y Juan, simplemente habían entrado a las cortes del Templo para orar. Parece que no tenían planes de enseñar ahí, de hecho, habrían sabido que el hacerlo sería una infracción contra el reglamento del Sanedrín - no tenían la titulación necesaria para hacerlo. Pero Pedro había encontrado un pordiosero bien conocido en la puerta por donde habían entrado (la puerta llamada "Hermosa") y había ejercitado la fe necesaria para ocasionar su sanación. Cuando la noticia del milagro se difundió, una gran multitud inevitablemente se congregó. Para entonces Pedro y Juan habían llegado al pórtico de Salomón, que era un área cubierta situada a lo largo del lado este de la Corte de los Gentiles (Westerholm 1988:772). Para entonces la noticia del alboroto había llegado a las autoridades del Templo y algunos de los sacerdotes responsables de la seguridad del Templo (conocidos como los guardianes de las puertas) llegaron con una compañía de soldados judíos cuyo trabajo era hacer respetar la santidad del lugar sagrado.

Hechos 4:1-3, "Mientras ellos hablaban al pueblo, vinieron sobre ellos los sacerdotes con el jefe de la guardia del templo y los saduceos, resentidos de que enseñaran al pueblo y anunciaran en Jesús la resurrección de entre los muertos. Y les echaron mano y los pusieron en la cárcel hasta el día siguiente, porque era ya tarde."

Hubo dos cargos presentados contra los apóstoles - "enseñar" (sin una licencia o la formación necesaria) y "proclamar la resurrección de los muertos", algo que Lucas narra que los sacerdotes saduceos no creían que era verdad - "los saduceos dicen que no hay resurrección, ni ángel, ni espíritu." (Hechos 23:8). Cristo, al contrario, enseñó en muchas ocasiones dentro de las cortes del Templo sin ninguna interferencia oficial del Sanedrín o los sacerdotes. En una ocasión durante la Fiesta de los Tabernáculos, cuando se tomó la decisión de traer a Cristo para ser interrogado, por motivo de que se temía un motín para hacer a Jesús rey, la Guardia del Templo regresó reportando que no habían podido obedecer sus órdenes debido a su puro asombro sobre Cristo y su enseñanza.

Juan 7:43-46, "Hubo entonces división entre la gente a causa de él. Y algunos de ellos querían prenderlo, pero ninguno le echó mano. Los guardias vinieron a los principales sacerdotes y a los fariseos. Entonces estos les preguntaron: "¿Por qué no lo habéis traído?" Los guardias respondieron: "¡Jamás hombre alguno ha hablado como este hombre!"

El hecho de que Cristo nunca fue arrestado o impedido en ninguna forma de predicar públicamente en las cortes del Templo es evidencia de que estaba ahí por derecho como parte de su oficio público de rabí y Doctor de la ley dentro de la comunidad judía. Una vez que lo habían otorgado, el Sanedrín no lo podía revocar sin una razón válida. Esto explica porque habían tantos intentos de su parte de desacreditar a Cristo de una u otra manera. Necesitaban demostrar desesperadamente que era un falso maestro o culpable de algún error religioso o político que les diera motivo para acusarlo. Sin embargo, Cristo siempre iba a un paso adelante que ellos. Parecía saber que aún no era el tiempo para que ocurriera una confrontación tan definitiva, y siempre era capaz de burlar sus diferentes estrategias y de esta manera estar en control de su eventual arresto.

La trasformación evidente de Jesús de ser probablemente la más grande mente teológica que el Sanedrín había visto jamás, a ser también un hacedor de milagros, atrajo un enorme seguimiento público. ¿Era este hombre el muy esperado Mesías que liberaría al pueblo de la ocupación romana? Había frecuentes brotes de interés popular. Uno de estos eventos es descrito en Juan 7, no en un momento tranquilo de baja vigilancia, sino en la cúspide de la Fiesta de los Tabernáculos. Este era el tiempo cuando el Sumo Sacerdote tomaba agua de la fuente de Siloé que corría debajo del templo y la derramaba sobre el altar después de una noche de gran celebración. Era una época cuando los sentimientos públicos se disparaban. Había habido motines previamente, en 88 a.C. cuando el Sumo Sacerdote Alejandro había vertido el agua en el suelo a sus pies en lugar de sobre el altar (Talmud: Sukkah 48b). La multitud escandalizada le lanzó frutas cítricas; Alejandro respondió al ordenar la matanza de 6000 de los fieles reunidos.

En Juan 7:1 encontramos que Jesús "andaba en Galilea, pues no quería andar en Judea, porque los judíos (*y especialmente en Jerusalén*) intentaban matarlo" (*las palabras en itálicas son mías*). Jesús dice que va siguiendo sus propios planes (los de Dios), por lo que no va con sus hermanos cuando ellos van, diciendo que "mi tiempo aún no ha llegado." Cuando es el tiempo apropiado, va a Jerusalén, sin ninguna fanfarria sino "en secreto" (versículo 10), es decir, en una manera oculta. Eventualmente tendría que haber una confrontación con las autoridades gobernantes, pero ese momento aún no había llegado.

El versículo 14 nos dice que "Pero a la mitad de la fiesta subió Jesús al templo, y enseñaba." Abiertamente, públicamente, usando su licencia rabínica y autoridad, Jesús hace lo que su Padre (Dios) le ha mandado hacer. Como se ha explicado previamente, las multitudes (versículo 15) está asombrada, y preguntan, "¿Cómo sabe éste letras (conocimiento) sin haber estudiado?" Esta pregunta no se refiere al proceso de ser titulado como un rabí. Si Jesús no hubiera tenido las titulaciones de rabí, habría sido arrestado inmediatamente, tal y como le sucedió a Pedro y a Juan en Hechos 4:2 con los cargos de "enseñar al pueblo" en las cortes del Templo. Este era un crimen para aquellos que no estaban autorizados para enseñar, pero Jesús no es arrestado.

Cristo le dice a la multitud (Juan 7:16) "Mi doctrina no es mía, sino de aquel que me envió." (*En otras palabras, "No estoy inventando esto. Ustedes aprecian la enseñanza que ha sido transmitida en las escuelas rabínicas. Mi enseñanza sí viene de alguien más - de aquel que me envió"*) "El que quiera hacer la voluntad de Dios, (*buscarla y seguirla*) reconocerá si la doctrina es de Dios o si yo hablo por mi propia cuenta. El que habla por su propia cuenta, (*o su propia autoridad*) su propia gloria busca; pero el que busca la gloria del que lo envió, este es verdadero y no hay en él injusticia. (Juan 7:17-18). (*Las palabras en itálicas son mías.*)

Jesús está simplemente continuando lo que hizo como un niño de doce años en ese mismo lugar. Está enseñando, ahora como una persona formalmente autorizada, lo que Dios le ha dado a decir.

La multitud de peregrinos que han comentado sobre el modo de enseñanza de Jesús, no basado en discipulado, no saben sobre la conspiración para matar a Jesús. (Juan 7:20). Los residentes locales de Jerusalén, sin embargo, saben que hay activamente un plan en acción para matar a Cristo, tal y como Jesús mismo lo sabía. Juan 7:25 dice: "¿No es a este a quien buscan (*los sumos sacerdotes*) para matarlo? Pues mirad, habla públicamente y no le dicen nada. ¿Habrán reconocido en verdad las autoridades que este es el Cristo?" Ellos mismos no están seguros si Jesús es el Cristo, parcialmente porque piensan que saben de donde viene - no ha simplemente "aparecido" - aunque las profecías del Antiguo Testamento (como la de Miqueas 5:2) claramente indican que el Mesías habría de nacer en Belén. Pero el interés público es ahora muy alto, y la vigilante guarnición romana habría estado preocupada. La "fiebre mesiánica" se está preparando. Las cosas pueden comenzar a salirse de control. En los años anteriores, motines religiosos habían ocurrido en Jerusalén en la Fiesta de los Tabernáculos, particularmente cuando el agua del Templo era vertida en el final día "solemne" del festival.

Los fariseos y los sacerdotes, ahora teniendo un acuerdo común en contra de Cristo, también están preocupados. No quieren otra revuelta, no cuando el ejército romano está tan cerca y observa los eventos muy de cerca buscando cualquier signo de un levantamiento. No quieren otra masacre como la que Alejandro había desatado. No quieren perder control de la situación con un brote de descontento público que pudiera significar perder sus posiciones ricas y privilegiadas a favor de personas más dispuestas a obedecer a los romanos. Así que hacen lo que nunca antes había sido hecho hacia Jesús, a pesar de su creciente animosidad en contra de él. Envían a la Guardia del Templo a intentar arrestarlo (Juan 7:32) - la fuerza de seguridad que patrullaba el sitio sagrado del Templo. Jesús no había violado la ley. Pero desean limitarlo y así intentan calmar el creciente sentido de entusiasmo público que puede en cualquier momento causar una reacción violenta de parte del ejército romano.

Las Autoridades Intentan Arrestar a Jesús

Mientras los sumos sacerdotes no pueden legalmente encarcelar a Jesús, quien no ha violado ninguna ley, desean traerlo para interrogarlo. Ciertamente no debe haber un levantamiento. Por favor - que no haya derramamiento de sangre. Juan 7:31-32 "Y muchos de la multitud creyeron en él y decían: "El Cristo, cuando venga, ¿hará más señales que las que este hace?" Los fariseos oyeron a la gente que murmuraba de él estas cosas. Entonces los principales sacerdotes y los fariseos enviaron guardias para que lo prendieran."

Pero la Guardia del Templo no puede arrestarlo. Juan narra, en 7:37-46, 'En el último y gran día de la fiesta, Jesús se puso de pie y alzó la voz, diciendo: "Si alguien tiene sed (*espiritualmente*), venga a mí y beba. El que cree (*confía*) en mí, como dice la Escritura, de su interior brotarán ríos de agua viva (*agua de manantial*)." Esto dijo del Espíritu que habían de recibir los que creyeran en él, pues aún no había venido el Espíritu Santo, porque Jesús no había sido aún glorificado. Entonces algunos de la multitud, oyendo estas palabras, decían: "Verdaderamente este es el Profeta" Otros decían: "Este es el Cristo". Pero algunos decían: "¿De Galilea ha de venir el Cristo? ¿No dice la Escritura que de la descendencia de David, y de la aldea de Belén, de donde era David, ha de venir el Cristo?" Hubo entonces división entre la gente a causa de él. Y algunos de ellos querían prenderlo, pero ninguno le echó mano. Los guardias vinieron a los principales sacerdotes y a los fariseos. Entonces estos les preguntaron: "¿Por qué no lo habéis traído?" Los guardias respondieron: "¡Jamás hombre alguno ha hablado como este hombre!"' (*Las palabras en itálicas son mías.*)

Cuando los guardias regresan a los sumos sacerdotes y fariseos con las manos vacías, son acusados de haber sido engañados. ¿Engañados sobre qué? ¿Sobre su posición en Israel como un rabí y Doctor de la ley? No, sino sobre sus afirmaciones de ser el Mesías, el Cristo, afirmaciones que estaban causando tantos problemas en la precaria posición política que los sumos sacerdotes tenían con el permiso de las autoridades romanas, posiciones que podían ser revocadas a favor de figuras políticas más confiables.

En Juan 7:48-49, los sacerdotes preguntan a los guardias, "¿Acaso ha creído en él alguno de los gobernantes (*Sanedrín*) o de los fariseos? (*De hecho, quizá uno había creído - Nicodemo.*) Pero esta gente que no sabe la ley, maldita es." ¡Cuanto despreciaban a los judíos devotos que habían venido a tomar parte de la Fiesta! "Esta gente" (*fieles devotos*) que "no sabe la ley" - "*¡nosotros somos los que son expertos en nuestra ley! ¡Ellos son malditos!" (Las palabras en itálicas son mías.)*

Los gobernantes y sumos sacerdotes se habían puesto a sí mismos por encima de su propia ley, y estaban actuando ilegalmente al condenar a Jesús sin un juicio. Aquellos que "conocían" la ley se consideraban a sí mismos por encima de ella. Y así (versículos 50-51): "Les dijo Nicodemo, el que vino a él de noche, el cual era uno de ellos: "¿Juzga acaso nuestra ley a un hombre si primero no lo oye y sabe lo que ha hecho?" (*¡Una pregunta muy razonable!*) Respondieron y le dijeron: "Eres tú también galileo? Escudriña y ve que de Galilea nunca se ha levantado un profeta." (*Las palabras en itálicas son mías.*) Pero, según el Antiguo Testamento, ¿dónde iba a nacer el Cristo?

En Belén (Miqueas 5:2) - donde Jesús había nacido. Aunque los gobernantes no investigaron suficientemente a fondo el lugar de nacimiento de Jesús, la narración muestra que la desaprobación oficial de algunos aspectos del ministerio de Jesús iba creciendo. Había poco que los pocos simpatizantes del ministerio de Jesús que estaban en posiciones de autoridad (como Nicodemo) podían hacer al respecto. Gradualmente la marea se estaba cambiando contra Jesús.

Capítulo 11

Las Autoridades Observan y Esperan un Error

Después de que Jesús había sido bautizado por Juan en el Río Jordán, cuando recibió al Espíritu Santo que "descendió sobre él en forma corporal, como paloma" (Lucas 3:22) y había regresado de ser puesto a prueba en el desierto "en el poder del Espíritu" (Lucas 4:14), se había emprendido una gira de las sinagogas de Galilea, donde había sido "glorificado". (Lucas 4:15). Sin embargo, al ir a Nazaret y enseñar en la sinagoga local, como un rabí y Doctor de la ley ordenado, había causado tal ofensa al enseñar que Dios había aceptado a Gentiles tales como la viuda de Sarefat y Namán (el leproso Sirio), sobre los israelitas (Lucas 4:24- 27) que la gente había respondido e intentado matarlo. Esto probablemente no es simplemente una expresión extrema de prejuicio nacional y religioso.

Tenemos en la narración de Lucas solamente un resumen de su enseñanza. La violencia que la respuesta causó indica que puede haber sido en este punto que Cristo comenzó a hacer lo que los Evangelios dejan muy en claro más tarde, que es identificarse a sí mismo con Dios- quien toma decisiones tales como cuáles viudas son mantenidas en tiempos de hambre y cuáles leprosos son curados. Eso hubiera sido blasfemia en las mentes de su audiencia, justificando su ejecución inmediata, como fue intentado en otras ocasiones. Por ejemplo en Juan 10:33, como se menciona previamente, "Por buena obra no te apedreamos, sino por la blasfemia, porque tú, siendo hombre, te haces Dios."

Tal comportamiento era inaceptable para cualquier miembro de la sociedad judía. De un teólogo de alto rango tal como un Doctor de la ley, era especialmente escandaloso. Ciertamente habría comenzado un proceso de oposición formal de parte de las autoridades religiosas que finalmente llevaría a la muerte de Cristo.

Una y otra vez, los gobernantes judíos intentaron deshacer lo que habían hecho al confirmar el estatus rabínico de Jesús por medio de la ordenación. Mientras los reportes de las declaraciones de divinidad de Jesús crecían, también lo hacía su profunda intranquilidad sobre lo que eso podría significar para sus propias posiciones en la sociedad, y para la frágil paz que estaban experimentando bajo la dominación romana. Estaban realmente preocupados que los romanos aplastarían brutalmente cualquier cosa que pareciera un levantamiento mesiánico. También estaban muy cómodos con sus propias, frecuentemente lucrativas, prácticas religiosas. Decidieron juntar evidencia que pudiera ser usada para descalificar la posición oficial de Cristo en la sociedad. Cuando él enseñaba, regularmente mandaban gente para que reportaran, tratando de atraparlo por sorpresa, diciendo algo por lo que pudieran acusarlo. Uno de esos puntos era la insistencia de Jesús de que podía perdonar los pecados que no habían sido cometidos en su contra - algo que solamente Dios podía hacer. Un ejemplo de esto se encuentra en la sanación del hombre paralítico en Mateo 9:1-8 y Marcos 2:1-12.

La palabra "hijo" ocurre 99 veces en el Nuevo Testamento. Sin embargo, solamente es usada por Jesús para dirigirse a una persona individual en una ocasión - la sanación del hombre paralítico. En Marcos 2:1 encontramos a Jesús "en casa" donde vivía en Cafarnaúm (como Juan 2:12 también nos dice). El lugar estaba lleno de gente, tanto que a los portadores de un hombre que es descrito como "paralítico" les fue necesario quitar parte del techo para poder entrar. El hombre es un parapléjico que requería una camilla para ser movido, cargada por cuatro hombres, quienes son descritos como sus "amigos".

Una pregunta pertinente es: ¿donde está la familia del hombre? En Israel en ese tiempo, tal y como en muchas partes del mundo de hoy, la responsabilidad del cuidado de un inválido caía sobre su familia. Sin embargo no hay mención en ninguna de las narraciones de los Evangelios de que la familia de este hombre estuviera presente, o de que al menos lo hubieran enviado. Dada la palabra final de Cristo al hombre después de sanarlo, ("vete a la casa de tu padre, es decir, hogar"), lo más probable es que su propia familia no había podido o no había querido cuidar de él. Su ausencia indica que pueden haber transferido la responsabilidad de su cuidado a otros, muy probablemente una orden religiosa tal como la de los esenios, quienes eran conocidos por su cuidado de los enfermos. Josefo escribió: "No viven en una sola ciudad, sino que muchos de ellos viven en cada ciudad… hay, en cada ciudad donde viven, uno nombrado particularmente para cuidar de desconocidos…" (*Las Guerras de los Judíos*, libro 2, capítulo 8, 4). Si esto era el caso, la incapacidad del hombre puede haber causado alejamiento con su familia, y especialmente sus padres.

En Marcos 2:5, Jesús ve la fe de los cuatro amigos (que estaban claramente familiarizados con el ministerio de Cristo) quienes habían puesto su confianza en él y en su habilidad de sanar. El recompensa su confianza, y no hace ninguna alusión al hecho de que han abierto un agujero en su techo, el cual dada la profesión de su padre terrenal, él habría sido más que capaz de reparar. Jesús entonces habla con el hombre. Cada palabra es escogida cuidadosamente. "Hijo": (Griego: '*tetron*', que significa "hijo de una familia"). El hombre no tenía ninguna familia natural a su alrededor, probablemente debido a su discapacidad. En la sociedad judía, eso habría dejado cicatrices psicológicas; por lo que Cristo comienza ahí, dirigiéndose a él de la forma que había perdido dado el distanciamiento de su familia que su discapacidad había ocasionado.

La narrativa de Marcos continúa (2:5), "Tus pecados te son perdonados." Muchas personas discapacitadas cargan una carga de culpa por las dificultades que causan a otros al tener que cuidarlos. En Israel en esa época, también existía la idea comúnmente aceptada de que la enfermedad y discapacidad estaban relacionadas con el pecado - que era un castigo por alguna mala obra, o por "ser malo". Muchas personas discapacitadas se veían a sí mismos como siendo castigadas por Dios por algo. Todos necesitan el perdón, pero este hombre necesitaba ser liberado de su carga de culpa particular. Marcos narra (2:6): "Estaban allí sentados algunos de los escribas." Esos hombres eran expertos en la ley mosaica. Habían venido, no porque querían seguir a Jesús, sino como representantes de la ortodoxia de parte del Sanedrín para buscar irregularidades en su enseñanza, de las que se pudieran aferrar para poder acusarlo de la no ortodoxia o herejía, y así atacarlo y descalificarlo del papel de rabí y Doctor de la ley que él ocupaba. Esos escribas (expertos en la ley de Moisés) habían venido a Cafarnaúm a examinar formalmente a Cristo y potencialmente buscar una manera de descalificarlo de su reconocido y prestigioso oficio público dentro del pueblo de Israel. Estaban ahí por previo arreglo, y Jesús está cooperando con sus indagaciones al enseñar y ministrar en su presencia.

Jesús sabe bien por qué están ahí - para encontrar un error y así descalificarlo y expulsarlo de su oficio como un falso maestro - un hereje. Pero no tuvieron éxito. En ninguna ocasión encontramos una narración de que la enseñanza de Jesús fue atacada - sino lo opuesto. Sus actos milagrosos y su ministerio de liberación fueron escrudiñados - "por el príncipe de los demonios (Satanás) echa fuera los demonios" - pero nunca su enseñanza. ¿Pero qué es lo que Jesús ha dicho? "Tus pecados te son perdonados". Jesús parece haber anotado un autogol espectacular. Les entrega a los Escribas, en un platón, una oportunidad de oro de expulsarlo del oficio rabínico, y arruinar su reputación como un Maestro y Doctor de la ley dentro de la comunidad judía.

En Marcos 2:6-7, los abogados han de haber estado pensando, "¡Esto es blasfemia! ¡Sí! ¡Ahora podemos hacerlo matar! ¡Lo hemos oído - con testigos!" Esta fue posiblemente su línea de razonamiento "en sus corazones". "¡Finalmente! ¡Algo con lo que podemos acusarlo! Porque sólo Dios puede perdonar los pecados y este paralítico al cuidado de la orden religiosa no puede haber pecado en contra de Jesús personalmente - Jesús se está poniendo en el lugar de Dios y eso es ilegal según nuestra ley - ¡significa la pena de muerte!" Marcos narra (2:8) que "inmediatamente" Jesús supo en su espíritu sobre su actitud, porque es crucial que esto sea resuelto. La vida de Jesús está en juego, y él pregunta: "¿Porqué pensáis así?" Jesús estaba claramente al tanto de lo que estaban pensando.

Jesús entonces les da una ilustración al decir, '¿Cuál es más fácil, decir al paralítico: "Tus pecados te son perdonados", (*no lo pueden saber*) o decirle: "Levántate, toma tu camilla y anda?"' (*Las palabras en itálicas son mías.*) Obviamente, es lo primero; sólo Dios puede decir y hacer lo segundo, pero cualquier persona puede "decir" lo primero. Puede que sea blasfemia o no - si la persona que lo dice es en verdad Dios. Pero solo Dios puede hablar, y después hacer, tal milagro de sanación.

Marcos 2:10 narra, "Pues para que sepáis…" "Ustedes" se dirige a los escribas - sus enemigos, quienes se oponen a Jesús y están tratando de que sea expulsado y asesinado. También puede estar diciendo: "*Para que puedan tener la oportunidad de recibir lo que he venido a traer, y que puedan llegar más allá de sus prejuicios.*" O, como Jesús más adelante oraría, "que puedan conocer al único Dios verdadero, y a Jesucristo, a quien ha enviado…" (Juan 17:3).

Marcos 2:11 (Jesús le dijo al paralítico), "A ti te digo: Levántate, toma tu camilla y vete a tu casa." No "regresa a la casa de donde has venido". No "regresa con tus amigos", sino "Ve en camino a tu casa, es decir, hogar". (Griego, '*oikos*', 'el lugar donde viven tu familia y tu padre'.) Ve a tu propia casa, donde tu propio padre vive. No "regresa" a casa, no "vuelvas" de donde has venido, sino ve al lugar de donde has sido separado por tu discapacidad, el hogar donde tu propio padre vive. Jesús restaura al hombre, no solo a plena salud e integridad, sino también a su propia familia natural. Marcos 2:12 dice, "Entonces él se levantó y, tomando su camilla, salió delante de todos." Sin vacilación - probablemente corrió a su hogar y a su padre natural. "Todos se asombraron y glorificaron a Dios." Incluso, y quizá especialmente, los escribas. El milagro cambió sus actitudes personales individuales hacia Jesús completamente. Esos hombres alabaron a Dios, diciendo, "Nunca hemos visto tal cosa." (Griego: '*oida*', que significa "descubrir algo, ver en el sentido de darse cuenta de algo por la primera vez".) Habían descubierto algo sobre Jesús que cambió sus vidas enteras. Lo habían visto restaurar al huérfano a su familia, habían aprendido que él tenía el poder para conceder libre perdón de los pecados, y que él podía restaurar a la gente en el cuerpo también. Sin embargo, como los otros líderes religiosos continuaron oponiéndose a Jesús y a su ministerio, no tardaron en haber ataques adicionales.

Capítulo 12

El Doctor de la ley - Combinando Intimidad con el Poder del Liderazgo

El estatus personal de Cristo como '*didaskolôs*' era reconocido en un nivel oficial en la sociedad judía dadas sus cualificaciones formales. Era el título común con el que se le llamaba por todas las secciones de aquella sociedad. Sin embargo, esto no le quitaba valor a las relaciones íntimas y personales que Cristo tenía con sus discípulos. Su uso del término contrastaba con el título más familiar de *"rhabbi"* que era asociado con momentos de emergencia (como se describe más adelante) y cuando una petición especial se hacía (por ejemplo, la venida de Santiago y Juan, con su madre, buscando tener los lugares a la derecha y a la izquierda de Cristo en su reino - Marcos 10:35).

Los Doctores de la ley estaban entre los más cultos y altamente respetados miembros de la sociedad judía. Los discípulos de Jesús se habrían sentido muy privilegiados de haber sido traídos al personal círculo cercano de sus seguidores y ser contados entre aquellos que eran como sus discípulos. Pero Cristo se estaba demostrando ser muy diferente a los otros Doctores de la ley que habrían conocido por sus visitas al Templo - realizaba tales cosas (como curaciones y milagros) y hacía afirmaciones (tales como de su divinidad) que lo ponían en otro nivel completamente. Pero siempre fue muy afable para con sus discípulos, con quienes se relacionaba con mucha confianza.

El Evangelio de Marcos capítulo 4 narra un incidente cuando estalló una de las violentas tormentas, por las que el Lago de Galilea era conocido, mientras cruzaban del lado oeste al este. La ubicación del Lago de Galilea en la proximidad de las montañas vecinas hacía que sus tormentas fueran notorias por la velocidad con la que comenzaban y su severidad. Muchos de los discípulos eran pescadores con experiencia; sus mentes habrían recordado pasados colegas o amigos que se habían ahogado en aquellos días de poca asistencia de flotación. Sabrían bien en qué peligro se encontraban.

Marcos 4:37-41, "Pero se levantó una gran tempestad de viento que echaba las olas en la barca, de tal manera que ya se anegaba. Él estaba en la popa, durmiendo sobre un cabezal. Lo despertaron y le dijeron: "Maestro! (*'didaskalôs'*), ¿no te importa si perecemos?" Él, levantándose, reprendió al viento y dijo al mar: "Calla, enmudece!" Entonces cesó el viento y sobrevino una gran calma. Y les dijo: "Por qué estáis así amedrentados? ¿Cómo no tenéis fe?" Entonces sintieron un gran temor, y se decían el uno al otro: "Quién es este, que aun el viento y el mar lo obedecen?"

Los discípulos estaban ya asombrados de Jesús, como lo estaba Nicodemo, debido a su proeza para la enseñanza. Pero ahora se ven forzados a reevaluar sus ideas sobre quién era él. No eran los únicos. El versículo 36 narra que "También había otras barcas" - muchos otros habrían sido testigos de su asombroso control sobre el poder de la tormenta. Los días en los que Jesús encajaba limpiamente en la categoría de un teólogo académico estaban contados.

Jesús se sentía cómodo con el uso del término *'didaskalôs'* en el contexto de la enseñanza que les daba a sus discípulos y, por extensión, como una descripción de sí mismo. En el Sermón de Llano vemos como Cristo usa el humor típico rabínico judío. Nos cuenta sobre una escena ridícula para animar su enseñanza: un hombre ciego trata de guiar a otro ciego con resultados desastrosos para los dos. Lucas 6:39-40 narra, 'Les dijo también una parábola: "¿Acaso puede un ciego guiar a otro ciego? ¿No caerán ambos en el hoyo? El discípulo (*'mathetes'*, 'estudiante, discípulo') no es superior a su maestro (*'didaskalôs'* - 'Maestro'), pero todo el que sea perfeccionado, será como su maestro." El contexto es uno de discipulado formal, el cual, en la sociedad judía, era la manera reconocida en la que los estudiantes se hacían aprendices del oficio rabínico a través de enseñanza práctica, capacitación, tutoría personal y formación. Sólo que en este caso el "profesor" es aún más superior de lo usual, es un "Maestro", un Doctor de la ley.

El Evangelio de Mateo (10:24-25) también incluye este uso de '*didaskalôs*' por Jesús mismo. "El discípulo ('*mathetes*') no es más que su maestro ('*didaskalôs*'), ni el siervo más que su señor. Bástale al discípulo ser como su maestro y al siervo como su señor. Si al padre de familia ('*oikodespotês*', de '*oiko*', 'casa', and '*despoth*', 'gobernante') llamaron Beelzebú, ¡cuánto más a los de su casa!" Cristo está diciendo que lo mejor que un discípulo puede esperar es ser tratado en la misma manera en la que su Maestro (Doctor de la ley) es tratado - para bien o para mal.

Cristo está yendo en contra de la corriente de la vida religiosa judía que le daba mucha importancia a los títulos y estatus. Está defendiendo la igualdad de estatus de sus seguidores - una de servicio común en lo que él llamaba "su reino", donde el camino a la grandeza era a través del servicio. Como les diría más tarde a sus seguidores después de lavarles los pies: "Porque ejemplo os he dado para que, como yo os he hecho, vosotros también hagáis." (Juan 13:15). Esta era una idea radical. Dio forma a la iglesia primitiva, por ejemplo, en el nombramiento de diáconos para servir las necesidades del pueblo. (Hechos 6: 1-6).

Otras figuras de autoridad en la sociedad judía se dirigían también a Jesús como *didaskalôs*'. Los "dignatarios de la sinagoga" ('*archisunagôgos*', da '*archô*', que significa "gobernar" y '*sunagôgê*', 'sinagoga') eran miembros altamente respetados de la comunidad local, con responsabilidad por el buen funcionamiento de la sinagoga y la preservación y supervisión de las lecturas y enseñanzas de los invaluables rollos de la Torá. Jairo era un alto dignatario de la sinagoga. Que un hombre tal como Jairo viniera él mismo a pedirle a Cristo que fuera a sanar a su hija, en lugar de enviar un sirviente, es testimonio del respeto con el que se veía a Jesús. "Y vino un alto dignatario de la sinagoga, llamado Jairo. Al verlo, se postró a sus pies, y le rogaba mucho, diciendo: "Mi hija está agonizando; ven y pon las manos sobre ella para que sea salva, y viva." (Marcos 5:22-23).

Postrarse a los pies de alguien era también una señal de gran respeto en la sociedad en donde Jesús vivía. Los miembros de la casa de Jairo vienen a decirle que es ahora demasiado tarde - su hija ha muerto. "Mientras él aún hablaba, vinieron de casa del alto dignatario de la sinagoga, diciendo "Tu hija ha muerto, ¿para qué molestas más al Maestro? (*'didaskalôs'*)" (Marcos 5:35). Es debido a que Jairo reconoció que Cristo era un Doctor de la ley que le tenía en tan alta estima, no simplemente porque Cristo había ganado una reputación como curandero. De hecho, en este punto en la historia, Cristo todavía no había adquirido tan alta reputación en ese campo públicamente; aún no había sanado al paralítico, al hombre ciego, ni había hecho otras cosas por las que más tarde se haría famoso. Si ya lo hubiera hecho, quizá los miembros de la casa de Jairo no habrían dicho que no había más necesidad de seguir molestando a Cristo.

La reacción de Jairo hacia las malas nuevas necesitó que Cristo le dijera una palabra de aliento para ayudarle a continuar confiando que todavía había esperanza para su hija. No hay ningún signo de que se esperara que Cristo tuviera la capacidad de restaurar la niña a la vida; de hecho, la multitud de plañideros semi-profesionales que ya se habían reunido en la casa de Jairo se burlaron de Cristo cuando les indicó que la indisposición de la niña pudiera ser solamente temporal. (Versículos 39 y 40 - "Por qué alborotáis y lloráis? La niña no está muerta, sino dormida. Y se burlaban de él.") La gente sabía que la niña estaba muerta, y claramente nadie esperaba que Cristo hiciera un milagro.

El respeto que se le daba estaba basado en su título oficial dentro de su sociedad - *'didaskalôs'*. Jesús, interesado en preservar su propia libertad de movimiento, dio órdenes estrictas de que mantuvieran el milagro en secreto. ¡Como logró Jairo esto dado el milagro obvio no es mencionado!

Los fariseos eran la sección del consejo gobernante, el Sanedrín, que mantenían la enseñanza e interpretación de la Ley de Moisés, así como las tradiciones históricas orales rabínicas, las cuales fueron escritas y preservadas más tarde en la Mishná. La Mishná estableció las reglas y normas sobre todos los diferentes aspectos de la vida posibles - qué estaba permitido y cuándo, qué podía hacerle ceremonialmente impuro y cómo, etc. Los miembros de la sociedad judía que no seguían a la letra la Ley de Moisés, con los millares de reglas y normas que los judíos habían acumulado a lo largo de los siglos y las cuales formaban la mayor parte de la Mishná, aquellas personas que debido a su profesión o quienes habían perdido interés en las complejidades de la ley oral, ellos eran conocidos, coloquialmente, como "pecadores". Esto no era en el sentido de ser inmoral, sino que regularmente infringían los códigos legales escritos sobre la pureza que el Sanedrín preservaba, tales como la manera correcta de lavarse las manos, etc.

Había mucha gente así, porque la Mishná consignaba muchas ocupaciones a esa categoría, incluyendo pastores y cualquiera cuya ocupación los ponía en contacto con animales muertos, tales como los curtidores. El hecho de que eran menospreciados por los fariseos puede ser visto por su comentario narrado en Juan 7:48-49, "¿Acaso ha creído en él alguno de los gobernantes o de los fariseos? Pero esta gente que no sabe la ley, maldita es." Los fariseos están preocupados, al parecer, de que Jesús está dispuesto a asociarse con tales personas, y, al hacer esto, darles un estatus legítimo.

El Evangelio de Mateo narra el siguiente incidente que ocurrió en el hogar del mismo Mateo después de su conversión. En Mateo 9:10-13, "Aconteció que estando él sentado a la mesa en la casa, muchos publicanos y pecadores, que habían llegado, se sentaron juntamente a la mesa con Jesús y sus discípulos. Cuando vieron esto los fariseos, dijeron a los discípulos: "¿Por qué come vuestro Maestro ('*didaskalôs*') con los publicanos y pecadores?" Al oír esto Jesús, les dijo: "Los sanos no tienen necesidad de médico, sino los enfermos. Id, pues, y aprended lo que significa: 'Misericordia quiero y no sacrificios', porque no he venido a llamar a justos, sino a pecadores al arrepentimiento." Los fariseos se dirigen a Jesús con su título oficial - Doctor de la ley. Si Cristo no hubiera sido de hecho tan importante figura en su sociedad, los fariseos habrían podido descartar su comportamiento como típico de alguien a quien habrían visto como irrelevante. Su preocupación está basada en sus expectativas sobre cómo tan importante figura en la sociedad judía debía comportarse. Jesús, sin embargo, no estaba cumpliendo sus expectativas. Los estaba decepcionando mucho.

La disposición de los fariseos de dirigirse a Jesús usando su título es aún más importante cuando se hizo claro que Jesús presentaba oposición a su propia importancia en la sociedad israelita. Lo pusieron a prueba frecuentemente para ver si podían encontrar algún motivo por el cual pudieran presentar cargos legales graves en contra de él, pero siempre fallaron. Una de estas ocasiones está documentada en Lucas 7. Cristo más adelante señalaría la manera irrespetuosa con la que ese fariseo en particular, llamado Simón, lo trató como su invitado. Pero el hecho de que haya sido invitado, y que su anfitrión se dirigiera a él como '*didaskalôs*' es suficiente evidencia de cómo Cristo era percibido públicamente.

Lucas 7:36-43: "Uno de los fariseos rogó a Jesús que comiera con él. Y habiendo entrado en casa del fariseo, se sentó a la mesa. Entonces una mujer de la ciudad, que era pecadora, al saber que Jesús estaba a la mesa en casa del fariseo, trajo un frasco de alabastro con perfume; y estando detrás de él a sus pies, llorando, comenzó a regar con lágrimas sus pies, y los secaba con sus cabellos; y besaba sus pies y los ungía con el perfume. Cuando vio esto el fariseo que lo había convidado, dijo para sí: "Si este fuera profeta, conocería quién y qué clase de mujer es la que lo toca, porque es pecadora." Entonces, respondiendo Jesús, le dijo: "Simón, una cosa tengo que decirte." Y él le dijo: "Di, Maestro (*'didaskalôs'*)." "Un acreedor tenía dos deudores: uno le debía quinientos denarios y el otro, cincuenta. No teniendo ellos con qué pagar, perdonó a ambos. Di, pues, ¿cuál de ellos lo amará más?" Respondiendo Simón, dijo: "Pienso que aquel a quien perdonó más."

Jesús continúa estableciendo sus credenciales "proféticas" al mostrarle a a Simón que había sido capaz de discernir sus pensamientos con respecto a la mujer y al proveer una lección sobre el vinculo entre el perdón de los pecados y la gratitud. Pero aún más sorprendente para Simón habría sido la declaración que Cristo hizo subsecuentemente, (48 - 49). "Y a ella le dijo: "Tus pecados te son perdonados." Los que estaban juntamente sentados a la mesa, comenzaron a decir entre sí: "¿Quién es este, que también perdona pecados?" Los judíos sabían bien que sólo Dios mismo tenía el poder para perdonar los pecados. La persistencia de Jesús de tomar en sí mismo este atributo divino traería con prontitud la ira de la jerarquía religiosa que le habían visto en el pasado con tanto respeto que le habían dado el título oficial de '*didaskalôs*'.

A lo largo de su ministerio, Jesús trató con muchas secciones diferentes de la sociedad, y la manera en la que se relacionaban con él nos revela claramente su identidad. Los miembros normales y corrientes del público usaban su título formal. Mateo (17:14-18), Marcos (9:17-27) y Lucas (9:37-42) narran la sanación de un niño epiléptico quien, según ellos dicen, estaba poseído por un espíritu maligno. Su padre tiene mucho afán de que su hijo sea curado, especialmente debido a que, Mateo narra, los ataques resultan en el niño cayendo en agua y fuego. La narración de Mateo muestra al padre dirigiéndose a Jesús como '*Kurio*', que significa Señor, un título de gran respeto dado a alguien con la autoridad para decidir resultados. Lucas y Marcos narran que el padre también se dirigió a Jesús como '*didaskalôs*'.

Lucas 9:37-40, "Al día siguiente, cuando descendieron del monte, una gran multitud les salió al encuentro. Y un hombre de la multitud clamó diciendo: "Maestro ('Doctor de la ley' - '*didaskalôs*'), te ruego que veas a mi hijo, pues es el único que tengo; y sucede que un espíritu lo toma y, de repente, lo hace gritar, lo sacude con violencia, lo hace echar espuma y, estropeándolo, a duras penas se aparta de él. Rogué a tus discípulos que lo echaran fuera, pero no pudieron." También se encuentra en Marcos 9:17. Cristo recibió el título como suyo.

Poco tiempo después, al preguntarle a Jesús sobre el papel de sus discípulos al expulsar demonios, el apóstol Juan usa el mismo título: "Juan le respondió diciendo: Maestro ('Doctor de la ley' - *'didaskalôs'*), hemos visto a uno que en tu nombre echaba fuera demonios, pero él no nos sigue, y se lo prohibimos porque no nos seguía." (Marcos 9:38).

Otra sección importante de la sociedad judía era la nobleza. Mateo 19:16-22, Marcos 10:17-22 y Lucas 18:18-25 cuentan la historia de un joven gobernante rico quien viene corriendo a Jesús hacer una pregunta - "¿Qué he de hacer para heredar la vida eterna? Lucas nos dice que él es un *'archon'*, que denota una figura de autoridad judicial. Posiblemente era descendiente de una de las familias gobernantes descendientes de los Macabeos. Habían gobernado Judá después de la revuelta en contra del imperio seléucida. Esto ocurrió entre los años 167-160BC, antes de la invasión romana en 63 a.C. Que el gobernante estaba ansioso de ver a Cristo está claro en Marcos 10:17, donde se narra que corrió hacia Cristo y "cayó de rodillas delante de él". Esta era una acción del más alto respeto, que se demuestra aún más cuando se dirige a Jesús como *'didaskalôs'*.

Lucas 18:18-23 narra: 'Un dignatario le preguntó, diciendo: "Maestro (*'didaskalôs'*) bueno, ¿qué haré para heredar la vida eterna?" Jesús le dijo: "¿Por qué me llamas bueno? Nadie es bueno, sino solo Dios. Los mandamientos sabes: "No adulterarás; no matarás; no hurtarás; no dirás falso testimonio; honra a tu padre y a tu madre". Él dijo: "Todo esto lo he guardado desde mi juventud." Al oír esto, Jesús le dijo: "Aún te falta una cosa: vende todo lo que tienes y dáselo a los pobres, y tendrás tesoro en el cielo; y ven, sígueme." Entonces él, oyendo esto, se puso muy triste porque era muy rico.'

Aunque el rico joven gobernante había guardado los aspectos de conducta humana de la segunda tabla de los mandamientos (que tienen que ver con el adulterio, robo, codicia, honrar a los padres), Jesús lo reta con respecto a la primera tabla de los mandamientos, que tienen que ver con el amor de Dios (adorar falsos dioses, guardar el día de reposo, usar el nombre de Dios en vano). La riqueza del hombre puede haber actuado como una obstrucción en su respuesta a Dios al llevarlo a confiar en su riqueza más que en Dios completamente. Y por lo tanto en ese caso sus posesiones lo habrían poseído, en lugar de que fuera lo contrario.

Las examinaciones formales de las creencias de Cristo acrecentaron mientras la presión de desacreditarlo, la cual las autoridades sentían, continuó. Uno de esos incidentes es narrado en Lucas 10:25. Se hace la misma pregunta, aunque con un motivo muy diferente (tratando de cogerlo por sorpresa). Es en un contexto muy diferente, la examinación crítica de su ortodoxia. 'Un intérprete de la ley se levantó y dijo, para probarlo: "Maestro ('*didaskalôs*'), ¿haciendo qué cosa heredaré la vida eterna?" Él le dijo: "Qué está escrito en la ley? ¿Cómo lees?" Aquel, respondiendo, dijo: "Amarás al Señor tu Dios con todo tu corazón, con toda tu alma, con todas tus fuerzas y con toda tu mente; y a tu prójimo como a ti mismo." Le dijo: "Bien has respondido; haz esto y vivirás."' (Lucas 10:25-28).

El abogado parece haber sido muy bien conocido. Está ahí para "examinar a Jesús ('*ekpeirazo*', 'probar a algo o a alguien por medio de una examinación intensa"). Tales examinaciones verbales eran parte de ser un '*didaskalôs*', pero esta pregunta era una forma de llegar al corazón de la teología de Jesús, para encontrar una manera de desacreditarlo. El abogado ha dado un paso en falso y trata de recobrarse al hacer una pregunta sobre quién es el prójimo. Es una pregunta que Jesús contesta con gracia con la parábola del "buen Samaritano", una ilustración sobre un despreciado extranjero quien muestra compasión hacia un hombre judío herido (después de que su propia gente lo han dejado a morir), al cuidar de sus necesidades, aunque él no es parte de la sociedad del hombre judío.

Aun cuando Jesús respondía abruptamente a los criticismos de los fariseos y escribas, ellos continuaban dirigiéndose a él como '*didaskalôs*'. El siguiente capítulo del Evangelio de Lucas, capítulo 11, contiene uno de esos incidentes. Jesús, como les sucedía frecuentemente a los dignatarios visitantes, es invitado a la casa de un fariseo a comer. Pero Jesús sorprende a su anfitrión al mostrar su usual indiferencia por las prácticas de la Mishná (tales como la ceremonial purificación de las manos). En Mateo 15:9, critica su práctica ritual de lavarse las manos (diferente de la práctica de higiene) como "doctrinas enseñadas por el hombre".

Lucas 11:37-44, 'Tan pronto terminó de hablar, un fariseo le rogó que comiera con él; y entrando Jesús en la casa, se sentó a la mesa. El fariseo, cuando lo vio, se extrañó de que no se hubiera lavado antes de comer. Pero el Señor le dijo: "Vosotros los fariseos limpiáis lo de fuera del vaso y del plato, pero por dentro estáis llenos de rapacidad y de maldad. ¡Necios!, el que hizo lo de fuera, ¿no hizo también lo de dentro? Dad limosna de lo que tenéis, y entonces todo os será limpio. Pero ¡ay de vosotros, fariseos!, que diezmáis la menta, la ruda y toda hortaliza, y pasáis por alto la justicia y el amor de Dios. Esto os era necesario hacer, sin dejar de hacer aquello. ¡Ay de vosotros, fariseos!, que amáis las primeras sillas en las sinagogas y las salutaciones en las plazas. ¡Ay de vosotros, escribas y fariseos, hipócritas!, que sois como sepulcros que no se ven, y los hombres que andan por encima no lo saben."'

Jesús critica a los fariseos por su obsesión con lo externo como signos de la piedad personal, mientras ignoraban la necesidad de un cambio interior ('lo de dentro'). Hace referencia al dar limosna como una mejor guía para la santidad personal interior, la cual los judíos veían como uno de los tres elementos de la rectitud personal, junto con la oración y el ayuno. Los fariseos fallaron al no dedicarse a las cosas en las que Dios estaba más interesado, tales como la justicia y la verdadera adoración, los cuales los tres elementos de la rectitud personal ayudaban a encarnar. Jesús describió este tipo de "fariseísmo" religioso vacío como impuro sin que los seguidores se dieran cuenta, de la misma manera que alguien se volvería ritualmente "impuro" al simplemente estar al lado de una tumba sin marcas, sin saber que estaba ahí. Un intérprete de la ley que estaba comiendo con ellos protestó. "Maestro (*'didaskalôs'*), cuando dices esto, también nos ofendes a nosotros." (Lucas 11:45). Incluso en medio de una discusión agitada que dejó a los escribas y fariseos "procurando cazar alguna palabra de su boca para acusarlo." (Lucas 11:54), el uso del título formal de Doctor de la ley fue preservado.

Más evidencia del reconocimiento público de Jesús como un miembro importante del sistema religioso legal judío puede ser encontrado en Lucas 12:13-14. 'Le dijo uno de la multitud: "Maestro (*'didaskalôs'*), di a mi hermano que parta conmigo la herencia." Pero él le dijo: "Hombre, ¿quién me ha puesto sobre vosotros como juez o partidor?"' El hombre en la multitud tiene un problema relacionado con la ley judía sobre la herencia. Deuteronomio 21:17 proveyó al hijo primogénito con una porción doble del patrimonio de su padre, y este hombre o quería una parte igual con su hermano mayor, o quizá había caído de la gracia de su hermano mayor, quizá el hijo de un primer matrimonio, que había reclamado todo el patrimonio para sí mismo. Esperando obtener una resolución rápida de una figura tan extensamente respetada como Cristo, se dirige a él como '*didaskalôs*'. Sin embargo, Cristo no es conmovido por su petición. Jesús parece reconocer un espíritu de codicia en la vida del hombre, lo que lo lleva a enseñar la parábola del rico insensato. Pero también, no consideró su papel el actuar como juez (*'dikastes'*, 'juez o árbitro') en una audiencia judicial formal, o como un "partidor" (*'meristes'*), una persona que "repartía" formalmente una herencia. [32] Los Doctores de la ley podían ser apelados en tales situaciones, pero Jesús no quería nada que ver con ello. En cambio, advierte al hombre y a su audiencia sobre los peligros de la avaricia y codicia. Jesús le cuenta la historia del "Rico Insensato", donde un hombre rico planea proveerse a sí mismo de más y más riqueza. La tragedia es que se le dice que esa misma noche va a morir, y Dios le pregunta, "lo que has guardado, ¿de quién será?" (Lucas 12:16-20).

No era solo en cuestiones de bienes materiales por las que el estatus de Cristo como un '*didaskalôs*' llevó a que se le pidiera que interviniera. En Marcos 10:35-40, 'Entonces Santiago y Juan, hijos de Zebedeo, se le acercaron y le dijeron: "Maestro ('*didaskalôs*'), queremos que nos concedas lo que vamos a pedirte." Él les preguntó: "¿Qué queréis que os haga?" Ellos le contestaron: "Concédenos que en tu gloria nos sentemos el uno a tu derecha y el otro a tu izquierda." Entonces Jesús les dijo: "No sabéis lo que pedís. ¿Podéis beber del vaso que yo bebo, o ser bautizados con el bautismo con que yo soy bautizado?" Ellos respondieron: "Podemos." Jesús les dijo: "A la verdad, del vaso que yo bebo beberéis, y con el bautismo con que yo soy bautizado seréis bautizados; pero el sentaros a mi derecha y a mi izquierda no es mío darlo, sino a aquellos para quienes está preparado."'

La narración de Mateo (20:20) deja claro que Santiago y Juan fueron acompañados por su madre al hacer esta audaz petición. Jesús recientemente había enseñado sobre la importancia del servicio y el hecho de que aquellos que se ponen a sí mismos primero son considerados los últimos en su reino. ¡Pero algunos de los miembros de su séquito claramente no habían comprendido este importante punto! Está escrito que la madre de Santiago y Juan se llamaba Salomé (Marcos 15:40) y en Juan (19:25) se dice que era "la hermana de su madre" (la madre de Jesús) por lo que Salomé era la tía de Jesús, una buena opción para tocar el tema de las posiciones más importantes con respecto a los tronos sobre los cuales sus hijos le habían contado, sin duda. Como cualquier buena madre judía, estaba ansiosa de ver a sus hijos progresar, y Jesús no le reprocha, sino que le pregunta si ella, como buena madre judía, ha entendido el doloroso costo que tal posición traería consigo.

Sus hijos, sin embargo, aún desean tener los lugares más altos en el reino. Jesús deja claro que tales posiciones no son suyas para dar.

Marcos 10:41-45: "Cuando lo oyeron los diez, comenzaron a enojarse contra Santiago y contra Juan. Pero Jesús, llamándolos, les dijo: "Sabéis que los que son tenidos por gobernantes de las naciones se enseñorean de ellas, y sus grandes ejercen sobre ellas potestad. Pero no será así entre vosotros, sino que el que quiera hacerse grande entre vosotros, será vuestro servidor; y el que de vosotros quiera ser el primero, será siervo de todos, porque el Hijo del hombre no vino para ser servido, sino para servir y para dar su vida en rescate por todos."

Las inseguridades de los otros sobre sus propias posiciones, y su sentido de auto-importancia pasan a primer plano, moviendo a Jesús a dar otra exhortación más sobre el ideal que él enseñaba sobre tomar una posición de siervo como una manera de medir la grandeza. Les pregunta si desean ser como "reyes paganos" quienes eran famosos localmente por su depravación moral, o si, al contrario, van a seguir el ejemplo que él les ha dado.

Capítulo 13

Los Fariseos Recurren a Medidas Desesperadas

La creciente popularidad de Jesús con el público Israelita significó que las autoridades se vieron forzadas a tomar medidas cada vez más extremas en su contra. Diferencias políticas y teológicas comenzaron a ser puestas a un lado al intentar la difícil tarea de provocar un escenario que pudiera desacreditarlo de alguna manera. Los diferentes partidos no habían aún llegado a la fase donde quisieran orquestar su ejecución ilícita, como sucedería finalmente, pero las cosas se estaban moviendo continuamente en esa dirección. La posición de Jesús en la sociedad significó que tomaría la colusion de toda la variedad de los intereses personales políticos para silenciarlo.

Las autoridades judías deseaban deshacer lo que habían hecho al investir en Cristo privilegios de enseñanza oficiales y reconocimiento. Esto requería medidas extremas. Estaban tratando de deshacer la autoridad que ellos mismos habían dado a Jesús de Nazaret - la autoridad conectada con las posiciones de "Rabí" y "Doctor de la ley". Había muchos temas difíciles donde alguien podía potencialmente ser engañado a decir o hacer algo que lo desacreditara. Así que las diferentes autoridades religiosas dentro de Israel intentarían ahora crear escenarios donde Cristo se vería forzado a decir algo que podrían usar en su contra.

En Juan capítulo 7, Jesús había subido a Jerusalén durante la fiesta de los Tabernáculos (Tiendas), donde las autoridades habían intentado arrestarlo pero, por miedo a la multitud y porque hablaba tan poderosamente, habían fallado en su intento. Otro ejemplo de sus esfuerzos seguiría inmediatamente en el Evangelio de Juan capítulo 8:1-11. Mientras muchos manuscritos antiguos no contienen este incidente, tiene todas las inconfundibles marcas de la enseñanza y estilo de Jesús, por lo que se incluye en el registro espiritual.

¿Qué tan bajo caerías para desacreditar a alguien que se ha convertido en tu enemigo? La Guerra Fría (1947-1989) vio muchos de esos "trucos sucios" de parte de los varios servicios de seguridad, frecuentemente incluyendo una "trampa de miel" para diplomáticos desprevenidos. Esta narración es de un "truco sucio" del cual ellos pudieran haber estado orgullosos.

El hecho de que la oposición está comenzando a tomar una forma seria es visto claramente en Juan capítulo 8. Versículos 1-6: "Pero Jesús se fue al Monte de los Olivos. Por la mañana volvió al templo, y todo el pueblo vino a él; y sentándose, les enseñaba. Entonces los escribas y los fariseos le trajeron una mujer sorprendida en adulterio y, poniéndola en medio, le dijeron: "Maestro, esta mujer ha sido sorprendida en el acto mismo de adulterio, y en la Ley nos mandó Moisés apedrear a tales mujeres. Tú, pues, ¿qué dices?" Esto decían probándolo, para tener de qué acusarlo."

La cuestión de "apedrear por adulterio" era bastante espinosa. Técnicamente, la ley de Moisés lo requería. Sin embargo, en la práctica sucedía muy raramente; primero, por las dificultades inherentes de atrapar a una pareja "en el acto", sin disputa (bajo varias capas de ropa de cama), segundo, las instrucciones claras sobre mostrar misericordia que la ley imponía. Los sacerdotes principales y los fariseos parecen haber recurrido a un montaje de un acto de adulterio, con la mujer como peón involuntario, (muy probablemente una prostituta). La traen, probablemente desnuda, a Cristo en las cortes del Templo donde está enseñando, "la pusieron en medio" del grupo (de Jesús y su audiencia), y le dicen (Juan 8:5), "En la ley (*que todos debemos obedecer*) nos mandó Moisés (*a quien no puedes refutar*) apedrear a tales mujeres. Tú, pues, ¿qué dices?" (*Las palabras en itálicas son mías.*)

Pero sólo traen a la mujer (en lugar de ambas partes, como debían haber hecho), por lo que evidencian su complicidad en el engaño. Parece que estaban desesperados para desacreditar a Jesús. Está claro que estaban dispuestos a hacer matar a la mujer si pudieran al mismo tiempo logar su objetivo. Preferiblemente, Jesús sería expulsado, como Rabí y Doctor de la ley, al ser forzado, por motivos de misericordia, a contradecir la ley mosaica. Jesús es puesto en una situación imposible - lancemos una moneda: cara, nosotros ganamos; cruz, tu pierdes. Claramente, no todo el partido de los fariseos estaría dispuesto a asociarse con tal conducta inmoral. El hecho de que algunos aparentemente devotos hombres religiosos estaban dispuestos es una indicación de la amenaza que percibía que Jesús era para sus posiciones en la sociedad.

La respuesta de Jesús es inclinarse y comenzar a escribir en el suelo con su dedo, probablemente para demonstrar el punto que la Escritura enseñaba que la ley había sido dada por el dedo de Dios (Éxodo 31:18). Moisés había encontrado a alguien, a una persona real, en el Monte Sinaí y recibido la ley en tablas de piedra, con los mandamientos y, muchos creían, también comentarios, escritos en ellas por el dedo de esa Persona viva. Jesús parece estarles demostrando que él es Aquel quien escribió la Ley de Moisés. O puede haber estado tomando una oportunidad para orar sobre su respuesta. En cualquier caso, su respuesta demostró su brillantez teológica.

Juan 8:7, 'Y como insistieran en preguntarle, se enderezó y les dijo: "El que de vosotros esté sin pecado (*todos ustedes han estado involucrados intencionalmente en este atroz crimen de engaño e intento asesino*) sea el primero en arrojar la piedra contra ella." E inclinándose de nuevo hacia el suelo, siguió escribiendo en tierra (*quizá estaba escribiendo el noveno mandamiento de la ley - "No darás falso testimonio en contra de tu prójimo"*). Pero ellos, al oír esto, acusados por su conciencia, fueron saliendo uno a uno (*con vergüenza*), comenzando desde los más viejos (*y más sabios*) hasta los más jóvenes; solo quedaron Jesús y la mujer que estaba en medio (*culpable de los cargos*). Enderezándose Jesús y no viendo a nadie sino a la mujer, le dijo: "Mujer, ¿dónde están los que te acusaban? ¿Ninguno te condenó?"

Ella dijo: "Ninguno, Señor." Entonces Jesús le dijo: "Ni yo te condeno; vete y no peques más."' (Juan 8:7-11, las *palabras en itálicas son mías*.) Esto puede haber sido una referencia a una vida de prostitución.

Las autoridades se habían tenido que mover rápidamente para planear esto, y una prostituta habría sido relativamente fácil de encontrar, y completamente prescindible dentro de su (in)moral estructura mental. Sin embargo, Cristo fue capaz de esquivar brillantemente su argumento y permitió a la mujer irse en libertad.

Capítulo 14

Lázaro y los Últimos Días antes del Arresto

Jesús uevaba tiempo duciéndoles a sus discípulos que estaba esperando que la oposición de las autoridades resultaría en su muerte. Marco (9:31-32) narra: "Enseñaba a sus discípulos, y les decía: "El Hijo del hombre será entregado en manos de hombres, y lo matarán; pero, después de muerto, resucitará al tercer día." Pero ellos no entendían esta palabra, y tenían miedo de preguntarle."

Sin embargo, estaba ciertamente en control del calendario de eventos, y estaba planeando la culminación de su ministerio para la próxima Fiesta de Pascua. Cuando algunos de los fariseos le advierten del hecho que Herodes Antipas (quien había matado al primo de Jesús, Juan) estaba planeando matarlo responde diciendo, "'Id y decid a aquella zorra: "Echo fuera demonios y hago curaciones hoy y mañana, y al tercer día termino mi obra"' (Lucas 13:32). Lucas enfatiza el desprecio hacia Herodes al describir como Jesús usa la palabra "zorra" usando el género femenino, quizá una indicación del control que Herodías, su nueva esposa, tenía sobre Herodes.

Mientras tanto, las autoridades en Jerusalén están planeando su campaña en contra de Cristo. Comienzan por medio de una serie de examinaciones formales diseñadas para desacreditarlo y por lo tanto revocar su autoridad formal para enseñar en Israel. Algunos oponentes extremos parecen tener ya en sus mentes un "Plan B" incluyendo ejecución. Juan (capítulo 7:25-26) cita a las multitudes que estaban en Jerusalén por la Fiesta de los Tabernáculos en esta manera: 'Decían entonces unos de Jerusalén: "¿No es a este a quien buscan para matarlo? Pues mirad, habla públicamente y no le dicen nada. ¿Habrán reconocido en verdad las autoridades que este es el Cristo?"'

Ya de regreso dentro de Judea y en el territorio controlado por el

Sanedrín, la presión para desacreditar a Cristo se intensificó. Una y otra vez lo presionaron para que se pusiera en una situación comprometida a sí mismo en algún tema que pudieran usar como base para acusación. Uno de esos casos que ya he mencionado antes se encuentra en Juan 10, con una declaración pública de que Jesús es el "Mesías". En este momento de su ministerio público, Jesús decidió que les daría lo que pedían, hizo una declaración pública del hecho que se consideraba a sí mismo como una y la misma persona que su Dios, aquel que él llamaba su Padre.

Juan 10:22-24, 'Se celebraba en Jerusalén la fiesta de la Dedicación. Era invierno, y Jesús andaba en el templo por el pórtico de Salomón. Lo rodearon los judíos y le dijeron: "¿Hasta cuándo nos tendrás en suspenso? Si tú eres el Cristo, dínoslo abiertamente." Están diciendo: "¡Déjate de juegos! Sabemos que eres el más dotado, más sabio Rabí que jamás hemos encontrado. Pero ¿Eres el Mesías - el Cristo?"'

Versículos 25-29: "Jesús les respondió: "Os lo he dicho, y no creéis. Las obras que yo hago en nombre de mi Padre, ellas dan testimonio de mí; pero vosotros no creéis, porque no sois de mis ovejas, como os he dicho. Mis ovejas oyen mi voz y yo las conozco, y me siguen; yo les doy vida eterna y no perecerán jamás, ni nadie las arrebatará de mi mano. Mi Padre, que me las dio, mayor que todos es, y nadie las puede arrebatar de la mano de mi Padre."

Jesús se identifica públicamente con alguien a quien llama su Padre. José, el '*tekton*' y padre adoptivo de Jesús, a quien los Doctores de la ley habían conocido años atrás, aparentemente había fallecido hacía ya tiempo. Se está volviendo cada vez más claro para las autoridades que el Rabí Jesús se refiere a Dios como su Padre. Esto no era un concepto nuevo para ellos (Jeremías 3:4 y 19 se refieren a la relación de Dios como padre con el pueblo de Israel); pero Jesús estaba llevando el concepto a un nivel nuevo e intensamente personal.

Juan 10:30, "El Padre y yo uno somos." Las autoridades están tan desesperadas que están dispuestas a deshacerse de la ley, no tener un juicio, e ir a apedrearlo. Pero Jesús, en conformidad con la ley (versículo 32) pide que se le diga cuales son los cargos presentados en su contra. ("Muchas buenas obras os he mostrado de mi Padre; ¿por cuál de ellas me apedreáis?") Un debate sobre legitimidad de la afirmación de Jesús de ser Dios toma lugar, en el que Jesús apela, como lo haría un buen Doctor de la ley, a la Escritura.

Los judíos, frustrados al ser burlados por un detalle técnico, tratan de prenderlo (arrestarlo), pero Jesús se escapa de sus manos (Juan 10:39). Deja su jurisdicción por el momento, cruzando nuevamente el río Jordán, ministrando y enseñando al pueblo en una zona donde, geográfica y legalmente, el Sanedrín no tenía poder de arresto.

Pero entonces, algo sucede que lleva a Jesús de regreso a Judea. Su amigo Lázaro se enferma, y la hermana de Lázaro María manda decir a Jesús (Juan 11:3-6), "'Señor, el que amas está enfermo." Jesús, al oírlo, dijo: "Esta enfermedad no es para muerte, sino para la gloria de Dios, para que el Hijo de Dios sea glorificado por ella." Y amaba Jesús a Marta, a su hermana y a Lázaro. Cuando oyó, pues, que estaba enfermo, se quedó dos días más en el lugar donde estaba.'"

¡Jesús espera deliberadamente el tiempo suficiente para que Lázaro muriera! Juan 11:7-10, "Luego, después de esto, dijo a los discípulos: "Vamos de nuevo a Judea." Le dijeron los discípulos: "Rabí, hace poco los judíos intentaban apedrearte, ¿y otra vez vas allá?" Respondió Jesús: "¿No tiene el día doce horas? El que anda de día no tropieza, porque ve la luz de este mundo; pero el que anda de noche, tropieza, porque no hay luz en él." Jesús puede ver que el tiempo se acerca para la etapa final de su ministerio. "Lázaro ha muerto, y me alegro por vosotros de no haber estado allí, para que creáis (*'pisteuô'*, 'confiar *en mí')*; pero vamos a él." (Juan 11:14-15, *las palabras en itálica son mías.*)

Jesús era mejor conocido por su propio círculo de amigos y discípulos, que incluía a otros además de sus apóstoles. Cuando visitaba Jerusalén, normalmente se quedaba en las afueras de la ciudad en una aldea conocida como Betania. Ahí vivía cierto amigo particular llamado Lázaro. Lázaro tenía dos hermanas, llamadas María y Marta. Cuando Jesús llegó como le habían pedido, aparentemente demasiado tarde para llevar a cabo la sanación de su hermano que habían esperado, fue llevado a la tumba de su recientemente fallecido amigo por María. Se le había avisado de la llegada de Jesús por estas palabras de su hermana Marta, quien, "llamó a María su hermana, diciéndole en secreto: "El Maestro ('*didaskalôs*') está aquí, y te llama." (Juan 11:28).

Fue el hecho de regresar a Lázaro a la vida que parece haber servido como catalizador para la decisión de los sumos sacerdotes de hacer matar a Jesús. Jesús había entrado justo al territorio conocido de los saduceos y por obra y palabra públicamente había declarado su verdadera identidad - la del Mesías - significativamente más que un Rabí o un Doctor de la ley convencional.

Había comenzado a forzar la mano de las autoridades a que respondieran a él basados en sus obras milagrosas, que subrayaba la posición de que él era, de verdad, el Mesías. Como Juan (11:47-50) narra: 'Entonces los principales sacerdotes y los fariseos reunieron el Concilio, y dijeron: "¿Qué haremos?, pues este hombre hace muchas señales. Si lo dejamos así, todos creerán en él, y vendrán los romanos y destruirán nuestro lugar santo y nuestra nación." Entonces Caifás, uno de ellos, Sumo sacerdote aquel año, les dijo: "Vosotros no sabéis nada, ni os dais cuenta de que nos conviene que un hombre muera por el pueblo, y no que toda la nación perezca."'

Sin prisa pero sin pausa, las palabras y acciones de Jesús forzaron la mano de las autoridades, hasta el punto de que lo hicieron matar. Juan indica que Caifás habló de manera inspirada. "Esto no lo dijo por sí mismo, sino que como era el Sumo sacerdote aquel año, profetizó que

Jesús había de morir por la nación; y no solamente por la nación, sino también para congregar en uno a los hijos de Dios que estaban dispersos. Así que desde aquel día acordaron matarlo." (Juan 11:51-53).

Capítulo 15

La Entrada a Jerusalén

Estando ahora en franca oposición contra Jesús, los fariseos continúan dirigiéndose a él como *'didaskalôs'* - Doctor de la ley, revelando, incluso en esta etapa tardía, que es todavía su título correcto. Lucas 19:29-40 narra: 'Al acercarse a Betfagé y a Betania, al monte que se llama de los Olivos, envió a dos de sus discípulos, diciendo: "Id a la aldea de enfrente, y al entrar en ella hallaréis un asno atado en el cual ningún hombre ha montado jamás; desatadlo y traedlo. Y si alguien os pregunta: "¿Por qué lo desatáis?" le responderéis así: "Porque el Señor lo necesita". Fueron los que habían sido enviados y hallaron como les dijo. Cuando desataban el asno, sus dueños les dijeron: "¿Por qué desatáis el asno?" Ellos dijeron: "Porque el Señor lo necesita." Lo trajeron a Jesús; y habiendo echado sus mantos sobre el asno, subieron a Jesús encima. Y a su paso tendían sus mantos por el camino. Cuando ya se acercaba a la bajada del Monte de los Olivos, toda la multitud de los discípulos, gozándose, comenzó a alabar a Dios a grandes voces por todas las maravillas que habían visto. Decían: "¡Bendito el Rey que viene en el nombre del Señor! ¡Paz en el cielo y gloria en las alturas!" Entonces algunos de los fariseos de entre la multitud le dijeron: "Maestro ('Doctor de la ley' - *'didaskalôs'*), reprende a tus discípulos." Él, respondiendo, les dijo: "Os digo que si estos callaran las piedras clamarían."'

Jesús está entrando a Jerusalén por última vez, y lo hace en cumplimiento de una profecía. Zacarías 9:9 es una descripción de un rey que viene en tiempos de paz; no en un caballo, como en la guerra, sino sobre un asno - un símbolo de paz. "¡Alégrate mucho, hija de Sión! ¡Da voces de júbilo, hija de Jerusalén! Mira que tu rey vendrá a ti, justo y salvador, pero humilde, cabalgando sobre un asno, sobre un pollino, hijo de asna."

Estas claras imágenes mesiánicas son tan gratas para sus discípulos como angustiantes para los fariseos. Están muy descontentos al ver tan abiertas proclamaciones de la identidad de Jesús y sus repercusiones para su papel en la sociedad judía; ciertamente ellos serían desplazados por el Mesías; sus posiciones serían superfluas una vez que el Mesías, que habría de explicarlo todo, hubiera venido. También había que tomar en cuenta el potencial de una represalia romana ante cualquier aparente levantamiento. Jesús se rehúsa a reprender a sus discípulos, sin embargo, afirmando que las mismas piedras habrían de gritar en alabanza si la multitud dejara de hacerlo.

De regreso en Judea, Cristo era vulnerable a los ataques de la familia del sumo sacerdote, que tenía jurisdicción legal en esa área. Ésto vino prontamente, en la forma de una tramposa pregunta legal formulada por los expertos legales del sumo sacerdote. Las narraciones de Mateo y Marcos añaden que ellos habían unido fuerzas con sus enemigos naturales, los herodianos - aquellos judíos que se habían aliado con los despreciados enemigos, los muy paganos romanos. (Mateo 22:16, Marcos 12:13). Haciendo a un lado sus enormes diferencias religiosas y políticas, se unieron con el propósito común de lograr la caída de Jesús.

Lucas 20:19-26, 'En aquella hora, los principales sacerdotes y los escribas procuraban echarle mano, porque comprendieron que contra ellos había dicho esta parábola; pero temían al pueblo. Y, acechándolo, enviaron espías que simularan ser justos, a fin de sorprenderlo en alguna palabra, para entregarlo al poder y autoridad del gobernador. Le preguntaron, diciendo: "Maestro ('*didaskalôs*'), sabemos que dices y enseñas rectamente, y que no haces acepción de persona, sino que enseñas el camino de Dios con verdad. ¿Nos es lícito dar tributo a César, o no?" Pero él, comprendiendo la astucia de ellos, les dijo: "¿Por qué me tentáis? Mostradme la moneda. ¿De quién es la imagen y la inscripción?" Respondiendo dijeron: "De César." Entonces les dijo: "Pues dad a César lo que es de César y a Dios lo que es de Dios." Y no pudieron sorprenderlo en palabra alguna delante del pueblo, sino que, maravillados de su respuesta, callaron.'

Esta es una pregunta muy espinosa que han planeado para tratar de atrapar a Jesús. Es una pregunta sin solución correcta. "Nos es lícito dar tributo a César, o no?" Si Cristo hubiera contestado "Sí", pudiera haber sido desacreditado como un colaborador. Si hubiera dicho "No" (la respuesta "correcta" desde una perspectiva judía porque los romanos eran idólatras) pudiera haber sido arrestado por instigar una rebelión en contra del poder gobernante. La respuesta de Jesús los asombra. "Dad a César lo que es de César y a Dios lo que es de Dios." Pero el hecho que formularon su pregunta a Jesús "Maestro ('*didaskalôs*'), sabemos que dices y enseñas rectamente, y que no haces acepción de persona, sino que enseñas el camino de Dios con verdad", aunque puede haber sido un intento de adulación, era una declaración verdadera a pesar de todo, y aún más impresionante dado que fue precedida por el título de '*didaskalôs*' - Doctor de la ley.

Jesús fue sujeto a una intensa serie de pruebas. Habiendo contestado la pregunta de "impuestos al César", los sacerdotes (del partido de los Saduceos) regresan a hacerle una pregunta que apoyaba su propia postura de que no existía tal cosa como la resurrección, y que Jesús estaba equivocado al enseñar que sí existía. Este es un excelente ejemplo de la habilidad de Cristo de resolver difíciles preguntas religiosas judías.

Lucas 20:27-40: 'Se acercaron entonces algunos de los saduceos, los cuales niegan que haya resurrección, y le preguntaron, diciendo: "Maestro (*'didaskalôs'*), Moisés nos escribió: "Si el hermano de alguno muere teniendo mujer y no deja hijos, que su hermano se case con ella y levante descendencia a su hermano". Hubo, pues, siete hermanos: el primero tomó esposa y murió sin hijos. Y la tomó el segundo, el cual también murió sin hijos. La tomó el tercero, y así todos los siete, y murieron sin dejar descendencia. Finalmente murió también la mujer. En la resurrección, pues, ¿de cuál de ellos será mujer, ya que los siete la tuvieron por mujer?" Entonces respondiendo Jesús, les dijo: "Los hijos de este siglo se casan y se dan en casamiento, pero los que son tenidos por dignos de alcanzar aquel siglo y la resurrección de entre los muertos, ni se casan ni se dan en casamiento, porque ya no pueden morir, pues son iguales a los ángeles, y son hijos de Dios al ser hijos de la resurrección. Pero en cuanto a que los muertos han de resucitar, aun Moisés lo enseñó en el pasaje de la zarza, cuando llama al Señor, Dios de Abraham, Dios de Isaac y Dios de Jacob, porque Dios no es Dios de muertos, sino de vivos, pues para él todos viven." Respondiéndole algunos de los escribas, dijeron: "Maestro ('*didaskalôs*'), bien has dicho." Y no osaron preguntarle nada más.'

Esta derrota de los saduceos claramente les agradó a ciertos escribas que estaban más en el campo de los maestros formales de la ley en lo que trataba a la resurrección de los muertos. Pero su propio partido aún tenía problemas con Jesús, sobre temas tales como su afirmación que era capaz de perdonar los pecados. Acompañaron la pregunta formal de los saduceos a este controvertido Doctor de la ley con una pregunta de su parte, presentada como una examinación formal de la ortodoxia de Jesús. La narración de Marcos muestra que el intérprete de la ley en cuestión apoyaba a Jesús, y que aunque era aún una prueba formal, la pregunta puede haber sido diseñada (siendo relativamente simple) para permitir que Jesús demostrara su competencia en la exégesis de la Escritura.

Mateo 22:34-40, 'Entonces los fariseos, cuando oyeron que había hecho callar a los saduceos, se reunieron. Y uno de ellos, intérprete de la ley, preguntó para tentarlo, diciendo: "Maestro ('*didaskalôs*'), ¿cuál es el gran mandamiento en la ley?" Jesús le dijo: "Amarás al Señor tu Dios con todo tu corazón, con toda tu alma y con toda tu mente." Este es el primero y grande mandamiento. Y el segundo es semejante: "Amarás a tu prójimo como a ti mismo." De estos dos mandamientos dependen toda la Ley y los Profetas."'

Jesús contesta a la pregunta de los fariseos con una respuesta obvia, una cita de la shemá judía, o credo, que se recitaba a diario, tomada de Deuteronomio 6:5, que resume las obligaciones que el hombre tiene para con Dios. Después se mueve a Levítico 19:18, que resume las obligaciones que el hombre tiene para con otros hombres. Estos dos versículos ponen en pocas palabras las obligaciones gemelas de la humanidad.

La narración de Marcos añade la siguiente posdata, que demuestra que Jesús no estaba completamente sin apoyo de los fariseos, como se puede esperar de un gran maestro de la ley, 'Entonces el escriba le dijo: "Bien, Maestro ('*didaskalôs*'), verdad has dicho, que uno es Dios y no hay otro fuera de él; y amarlo con todo el corazón, con todo el entendimiento, con toda el alma y con todas las fuerzas, y amar al prójimo como a uno mismo, es más que todos los holocaustos y sacrificios." Jesús entonces, viendo que había respondido sabiamente, le dijo: "No estás lejos del reino de Dios." Y ya nadie se atrevía a preguntarle.' (Marcos 12:32-34).

Después del interrogatorio de Jesús por los saduceos y los fariseos, él había tomado la oportunidad de devolver el cumplido al señalar el placer que algunos de los fariseos tenían en su posición pública. Esto parece haber avergonzado un poco a sus discípulos. Habían visto la magnificencia palaciega del Templo de Herodes en muchas ocasiones pero ahora parecen obligados a cambiar el tema y atraer la atención de Cristo para el templo. Nuevamente, usan su título formal - '*didaskalôs*'. Macos 13:1-2: 'Al salir Jesús del templo, le dijo uno de sus discípulos: "Maestro ('*didaskalôs*'), ¡mira qué piedras y qué edificios!" Jesús, respondiendo, le dijo: "¿Ves estos grandes edificios? No quedará piedra sobre piedra que no sea derribada."'

El Templo del Rey Herodes fue construido al nivelar la cima del Monte Moriah y construir con piedras de hasta 45 codos (~ 22.5 metros) de largo por 5 codos (~ 2.5 metros) de alto y 6 codos (~ 3 metros) de ancho. (*La Guerra judía* libro 5, capítulo 5, 6). Habría sido alguna de estas piedras que los discípulos estaban usando para tratar de distraer a Jesús al atraer su atención a ellas. En cualquier caso, Jesús (como un '*tekton*') no está impresionado y predice la devastación romana venidera de todo el sitio, que causa una pregunta de sus cuatro discípulos más cercanos (Pedro, Santiago, Juan y Andrés - Marcos 13:3) sobre cuándo se puede esperar ese evento. Nuevamente, usan el título de '*didaskalôs*'. Lucas 21:7: 'Le preguntaron, diciendo: "Maestro ('*didaskalôs*'), ¿cuándo será esto? ¿Y qué señal habrá cuando estas cosas estén para suceder?"'

La vida de Jesús está ahora moviéndose hacia su etapa final. Todos los implicados de la escena religiosa y política judía tienen ahora motivos para desear su muerte. Los fariseos, porque parece blasfemar constantemente al tomar para sí mismo el derecho de perdonar los pecados, y los saduceos, porque Jesús ha socavado dos veces su imperio de negocios al expulsar a los cambistas de monedas y a los vendedores de animales sacrificiales de las cortes del Templo, y porque percibían que las afirmaciones mesiánicas de Jesús eran una amenaza a la seguridad nacional. Los herodianos compartían la última postura, teniendo amplia razón materialmente, en virtud de haber tomado el lado de los romanos, para desear mantener el estatus quo político.

Capítulo 16

Los Días Finales de Jesús como 'Didaskalôs'

Lucas 22:7-13, 'Llegó el día de los Panes sin levadura, en el cual era necesario sacrificar el cordero de la Pascua. Entonces Jesús envió a Pedro y a Juan, diciendo: "Id, preparadnos la Pascua para que la comamos." Ellos le preguntaron: "Dónde quieres que la preparemos?" Él les dijo: "Al entrar en la ciudad os saldrá al encuentro un hombre que lleva un cántaro de agua; seguidlo hasta la casa donde entre y decid al padre de familia de esa casa: "El Maestro ('*didaskalôs*') te dice: "¿Dónde está el aposento donde he de comer la Pascua con mis discípulos?" Entonces él os mostrará un gran aposento alto, ya dispuesto; preparadla allí. Fueron, pues, y hallaron como les había dicho; y prepararon la Pascua.'

Jesús es claramente reconocido como un '*didaskalôs*' por los que vivían en esa casa, la cual, si era de hecho una residencia de los esenios, es altamente significativa, dados sus estándares meticulosos de observancia religiosa y su desconfianza de cualquier cosa que pareciera contaminación secular judaística. El movimiento esenio estaba formado por judíos radicalmente ortodoxos que rechazaban las prácticas del Templo por ser contaminadas por un calendario defectuoso y por la proximidad con la fortaleza romana de Antonia. Que Jesús y sus discípulos tuvieran vínculos con ellos es evidenciado por la manera en la que son dirigidos a la casa que iba de ser la sede de su última cena de Pascua. Los esenios tenían cierto número de miembros célibes (Josefo afirma que ellos "rechazaban el matrimonio" - *La Guerra judía* libro 2 capítulo 8, 2), y la casa seleccionada carece claramente de mujeres, dada la altamente inusual situación en esa época de un residente masculino cargando agua.

Una vez que se han establecido en el aposento alto y las ceremonias han comenzado, Jesús rompe el protocolo al lavar los pies de los discípulos. Esa tarea de tan baja categoría no podía ser forzada legalmente en un esclavo judío, por lo que muchas casas tenían un esclavo gentil que hacía éste y otros trabajos desagradables. Como no había un esclavo gentil presente, la rutina de lavar los pies de los invitados después de su llegada y antes de la cena no había tomado lugar. Eso es, hasta que Jesús se levantó de la mesa y lo hizo él mismo, en un acto de humildad que sirvió como preliminar a las humillaciones mucho más grandes que habían de ocurrir durante su sacrificio en el Calvario.

Juan 13:12-17, 'Así que, después que les lavó los pies, tomó su manto, volvió a la mesa y les dijo: "¿Sabéis lo que os he hecho? Vosotros me llamáis Maestro ('*didaskalôs*') y Señor, y decís bien, porque lo soy. Pues si yo, el Señor y el Maestro ('*didaskalôs*'), he lavado vuestros pies, vosotros también debéis lavaros los pies los unos a los otros, porque ejemplo os he dado para que, como yo os he hecho, vosotros también hagáis. De cierto, de cierto os digo: El siervo no es mayor que su señor, ni el enviado es mayor que el que lo envió. Si sabéis estas cosas, bienaventurados sois si las hacéis."'

Jesús, el altamente respetado Doctor de la ley en su sociedad religiosa judía, está preparado para tomar el lugar más bajo que ninguno de ellos había estado preparado para tomar. Al hacerlo les dio una lección visual en la humildad que conlleva el servicio cristiano, en una ilustración de un aún mayor acto de servicio que habría de seguir dentro de poco en el Calvario. Jesús habría de ser presentado ante el Sanedrín en un juicio para su muerte y requeriría una pregunta directa con respecto a su divinidad para lograr matarlo.

Marcos 14:61-64, 'Pero él callaba y nada respondía. El Sumo sacerdote le volvió a preguntar: "¿Eres tú el Cristo, el Hijo del Bendito?"

Jesús le dijo: "Yo soy. Y veréis al Hijo del hombre sentado a la diestra del poder de Dios y viniendo en las nubes del cielo." Entonces el Sumo sacerdote, rasgando su vestidura, dijo: "¿Qué más necesidad tenemos de testigos? Habéis oído la blasfemia; ¿qué os parece?" Y todos ellos lo condenaron, declarándolo digno de muerte.'

La ira de los sacerdotes y de los otros miembros del Sanedrín que es desatada sobre Cristo después del veredicto culpable es típico del enojo extremo que típicamente marca la respuesta al ser traicionado en el nivel psicológico más profundo. Jesús, en sus percibidas blasfemias, había traicionado la confianza sagrada que tenía como un miembro académico importante de la jerarquía religiosa. Ahora que había sido encontrado culpable y una sentencia de muerte podía ser fraguada, la indignación que los sacerdotes sentían en contra de un miembro de su propio rango quien en sus ojos, había traicionado todo lo que representaban y valoraban profundamente, se derramó en escupir, golpear y burlarse de Jesús (Mateo 26:67), a quien se habían visto obligados a tratar con respeto justo días antes, debido a su estatus como uno de ellos.

Ante Poncio Pilato: Jesús el "Justo"

El hecho de que Jesús era bien conocido y extensamente respetado puede también ser visto en el mensaje enviado a Poncio Pilato, el procurador romano, de parte de su esposa. La esposa del gobernador habría tenido un buen suministro de información sobre la vida en Judea por medio de las esposas de los judíos del partido de los herodianos. El hecho de que le envió un mensaje a Pilato en el momento de la apresuradamente organizada comparecencia frente a su tribunal muestra que ella estaba preocupada por lo que, para ella, habría sido un inesperado giro en el curso de los acontecimientos. En este momento de la narración, Jesús ha sido condenado por el Sanedrín y traído ante Poncio Pilato para obtener la confirmación romana de la naturaleza capital de sus crímenes. Mateo 27:15-19, 'Ahora bien, en el día de la fiesta acostumbraba el gobernador soltar al pueblo un preso, el que quisieran. Y tenían entonces un preso famoso llamado Barrabás. Reunidos, pues, ellos, les preguntó Pilato: "¿A quién queréis que os suelte: a Barrabás o a Jesús, llamado el Cristo?" (Porque sabía que por envidia lo habían entregado). Y estando él sentado en el tribunal, su mujer le mandó a decir: "No tengas nada que ver con ese justo, porque hoy he sufrido mucho en sueños por causa de él.""

Los romanos estaban acostumbrados a agradar a las multitudes de los festivales al liberar a un preso de su elección. Barrabás era, según Marcos (15:7) un insurgente y asesino, mientras que Juan narra (18:40) que era un ladrón. Pilato parece haber estado buscando una manera de liberar a Cristo, por lo que ofrece una persona notablemente malvada para que la multitud escogiera. Habría estado en posesión de una buena cantidad de información de inteligencia sobre Cristo y habría sabido lo del conflicto entre él y los judíos religiosos.

Pilato no tenía muy buenas relaciones con los líderes judíos, y frecuentemente actuaba de manera calculada para enojarlos, como lo hizo con el signo que fue puesto sobre la cruz de Jesús ("Rey de los judíos"). Cuando fue recién nombrado como procurador (un signo que Judea era considerada por Roma como un territorio menos importante que otros como Siria, que merecían tener un procónsul para gobernarlos) había provocado a los judíos al mantener la imagen del estandarte imperial (idólatra para los judíos) de César en la entrada de sus tropas a Jerusalén (*Las Antigüedades* de Josefo, libro 18, capítulo 3, 1). Cedió sólo cuando los judíos demostraron que estaban dispuestos a morir en lugar de permitir la idolatría. En otra ocasión, el historiador judío Filo (20 a.C. - 50 d.C., *Legatio ad Gaium* 38, 299) narra que, de acuerdo con la costumbre romana, Pilato exhibía algunos escudos en su palacio que portaban la inscripción 'DIVI AUGUSTI FILIUS' ('divi filius' era el latín para "hijo de dios", y Augusto era el hijo adoptivo del divinizado Julio César). Esto era en honor de la supuesta divinidad de César, pero un insulto para los judíos monoteístas. Filo afirma que Pilato hizo esto para "molestar a la multitud" y así fue - los judíos lo reportaron a Roma.

Pilato, como romano, habría sido propenso a los augurios, y el sueño de su esposa lo habría desconcertado. Ella sabía quien era Jesús y lo describe como "justo": (la palabra "hombre" ha sido añadida al texto en español). El griego en este caso es '*dikaios*', de la raíz '*dikh*', la misma descripción que Mateo (1:19) usa para José, el padre terrenal de Jesús. '*Dikh*', como hemos visto, significa la "ejecución de una sentencia, o castigo". [33] Pilato también sabía bien quién Cristo era, y el que los judíos lo envidiaban por su sabiduría y sus señales milagrosas.

Jesús compareció ante Pilato, y en la presencia de sus enemigos, los principales sacerdotes, declaró su reinado. Marcos 15:2-3, "Pilato le preguntó: "¿Eres tú el Rey de los judíos?" Respondiendo él, le dijo: "Tú lo dices." Y los principales sacerdotes lo acusaban mucho." Después de un frustrado último intento de parte de un compasivo Pilato de intentar liberarlo, ha sido sentenciado a muerte. Subió a la cima del monte Calvario, a las afueras de la puerta noroeste de Jerusalén, y ofreció su vida en una cruz romana de ejecución. Coincidiría con los sacrificios de la Pascua, representados por los miles de corderos "sin mancha" sacrificados en el templo en representación de los fieles congregados. Como un criminal condenado, el nombre de Jesús habría sido eliminado de los anales rabínicos judíos, que habrían de ser destruidos de cualquier manera durante la revuelta judía y la contraofensiva romana y completa y permanente destrucción del Templo por el general romano Tito, en el año 70 d.C.

Josefo narra que el incendio del Templo fue comenzado por los judíos en rebeldía del asedio del General romano Tito. [34] Pero después de que sus términos de capitulación fueran rechazados, Tito "dio órdenes a los soldados de quemar y saquear la ciudad; quienes no hicieron nada ese día pero al día siguiente le prendieron fuego al almacén de los archivos" (Josefo *Las Guerras de los Judíos*, libro 6, capítulo 6, 3). Esto resultó en la pérdida de los registros rabínicos oficiales, y con ellos la mayor parte del registro histórico extra-Bíblico judío del hombre conocido como Y'shua, hijo de José, llamado Cristo.

Pero para entonces cuatro narraciones de testigos de la vida y enseñanza de Jesús habían comenzado ya a ser circuladas - enseñanza que habría de cambiar al mundo para siempre.

Capítulo 17

La Identidad de Jesús

La historia de Jesús es una que quizá ha sido malentendida. Un carpintero humilde ejerciendo un ministerio de enseñanza itinerante nunca habría recibido los privilegios o el respeto que Cristo fue dado por las autoridades. No habría sido tratado con el título de "Doctor de la ley" por todas las secciones de la comunidad judía, desde los más importantes a los más humildes. Las autoridades estaban preparadas a tomar las medidas más extremas para deshacerse de él, medidas que sólo habrían sido necesarias en el caso de una figura establecida con autoridad formal que debía ser tomada en serio. Hay muy pocas razones por las que una persona itinerante habría provocado la intensa furia de las autoridades de la manera que Jesús hizo.

Al principio, Jesús era alguien con quien los fariseos, en particular, habrían estado muy cómodos teológicamente, dada su inmensa habilidad de enseñanza y su obvia ortodoxia, por ejemplo, su creencia en la resurrección y los ángeles. Pero Jesús había comenzado a perturbarlos al apartarse del énfasis que ellos les daban a las tradiciones rabínicas, consagradas en la ley oral; y después, aún más preocupadamente, por sus repetidas afirmaciones de ser capaz de perdonar los pecados. Esto lo ponía en el mismo nivel que el Dios Todopoderoso. ¿Estaba Jesús afirmando ser el Cristo? Esto por lo menos les daría una categoría donde ponerlo. Su expectativa era que el Mesías sería la persona que restauraría Israel a su lugar legítimo como la nación superior y removería el azote del paganismo romano de sus sitios sagrados.

El hacer esto requeriría la realización de dramáticas señales milagrosas, no las sanaciones y liberaciones del poder de espíritus malignos que Jesús había estado haciendo en la primera parte de su ministerio. Ellos querían señales de la misma magnitud, en términos de publicidad, que el Diablo había tentado a Cristo a hacer durante su tentación. Esto literalmente significa "pruebas", como el arrojarse de la parte más alta del Templo y ser sostenido por ángeles (Lucas 4:1-13). Estas habían sucedido en el desierto que se extendía entre la meseta de Judea y el Mar Muerto.

Algunos de los fariseos, tales como Nicodemo, creían que Cristo era alguien que había sido "enviado por Dios" (Juan 3:2) y otros también parecen haber estado abiertos a la posibilidad de que él era el Mesías. Estaban al tanto de las sanaciones que habían ocurrido pero necesitaban algo más dramático para ser persuadidos. Tenían en mente ocasiones tales como el incidente narrado en 1 Reyes 13:5, cuando "El altar se rompió y se derramó la ceniza que había en él, conforme a la señal que el hombre de Dios había dado por mandato del Señor." También tendrían en mente profecías como la de Joel 2:30-31, que afirma, "Haré prodigios en el cielo y en la tierra, sangre, fuego y columnas de humo. El sol se convertirá en tinieblas y la luna en sangre, antes que venga el día, grande y espantoso, del Señor."

Es probable que fuera con este punto de clarificación sobre el supuesto estatus mesiánico de Jesús que los fariseos (maestros de la ley) se acercaron a Jesús en Mateo 12:38-42, "Entonces respondieron algunos de los escribas y de los fariseos diciendo: "Maestro ('*didaskalôs*'), deseamos ver de ti una señal." Él respondió y les dijo: "La generación mala y adúltera demanda señal, pero señal no le será dada, sino la señal del profeta Jonás. Como estuvo Jonás en el vientre del gran pez tres días y tres noches, así estará el Hijo del hombre en el corazón de la tierra tres días y tres noches. Los hombres de Nínive se levantarán en el juicio con esta generación y la condenarán, porque ellos se arrepintieron por la predicación de Jonás, y en este lugar hay alguien que es más que Jonás. La reina del Sur se levantará en el juicio con esta generación y la condenará, porque ella vino desde los confines de la tierra para oír la sabiduría de Salomón, y en este lugar hay alguien que es más que Salomón."

Aunque los fariseos veían a Jesús con sospecha en esa etapa tardía en su ministerio y se volvieron en su contra junto con los otros grupos, de todas maneras se dirigían a él como '*didaskalôs*' - Doctor de la ley. Había reunido un insólito grupo de discípulos y tendía a mostrar una alarmante indiferencia hacia el énfasis en la Mishná e, incluso más alarmantemente desde su perspectiva, a perdonar los pecados. Jesús, conociendo su incredulidad subyacente y no estando dispuesto a seguirles la pauta, se rehusó a hacer una señal en ese momento, dirigiéndolos a una que sería hecha en el futuro - la señal del profeta Jonás.

¿Cómo fue Jonás una señal? Jonás, en efecto, había muerto. Jonás 2:2 - "Desde el seno del Seol clamé, y mi voz oíste." El lugar invisible de los muertos para los hebreos, y Jonás había visitado el Seol y vivió para contar la historia. Jonás se había hundido al fondo del mar. Jonás 2:6 nos dice que: "Descendí a los cimientos de los montes." El problema en las profundidades no es tanto la enorme presión del agua sino que alrededor de 100 metros, sin ningún tipo de protección para la presión o toma de aire comprimido, las presiones relativas del oxígeno y nitrógeno en la sangre llegan a niveles peligrosamente altos, y son transformados, de elementos esenciales para la vida, en algo sumamente tóxico.

Cuando Jonás estaba muriendo de ahogo, la Escritura narra que "me acordé del Señor, y mi oración llegó hasta ti, hasta tu santo templo." (Jonás 2:7). El Señor oyó a Jonás y ordenó a la ballena a que tragara el (entonces muerto) cuerpo de Jonás. O Dios hizo un milagro al preservar la vida de Jonás de tales presiones en el fondo del mar (al menos 1500 metros en las raíces de las montañas, versículo 6) o obró un milagro al levantarlo de entre los muertos. Jesús indica que fue lo segundo (levantar de entre los muertos) al comparar a Jonás consigo mismo, aunque como un profeta muy humano estaba por debajo de Jesús el Cristo.

"Un día y una noche" es una frase hebrea para cualquier parte de un día. Un minuto de un día puede ser expresado como "un día y una noche". *El Talmud de Jerusalén* (sábado 9. 3) cita al Rabí Eleazar Ben Azaria (100 d.C.): 'Un día y una noche son una "onah" (una porción de tiempo) y la porción de una onah es la onah en su totalidad.' Hay una buena ilustración de este principio en 1 Samuel 30:12-13. "El (*el esclavo*) no había comido pan ni bebido agua durante tres días y tres noches. Entonces le preguntó David: "¿A quién perteneces, y de dónde eres?" El joven egipcio respondió: "Soy siervo de un amalecita, y mi amo me abandonó hace tres días porque estaba enfermo." "Hace tres días" puede significar cualquier momento en el tercer día previo.

Jesús pasó parte del Viernes Santo, todo el Sábado Santo y parte del Domingo de Pascua (por lo tanto, "tres días y tres noches" en el sentido judío) con su cuerpo físico en la tumba de José de Arimatea. "Y tomando José el cuerpo, lo envolvió en una sábana limpia y lo puso en su sepulcro nuevo, que había labrado en la peña" (Mateo 27:59-60). Más adelante, Pedro habría de decir (1 Pedro 3:19) que Jesús, habiendo sido resucitado en cuerpo a la vida, proclamó su victoria en el lugar invisible de los muertos, donde Jonás había estado. La señal de Jonás es, por lo tanto, la señal de la resurrección.

Jesús también mostró a los fariseos el ejemplo de la "reina del Sur". En Israel, entendían bien el significado de esa persona. Era una mujer gentil que había venido a Jerusalén de Saba (un imperio formado por Etiopía moderna, o Yemen, o ambos). Estaba muy orgullosa de sí misma y de sus propias riquezas (con 4.5 toneladas de oro), con preguntas e ideas, pero se había regresado convertida al Dios de Israel. Fue uno de los grandes momentos en la historia nacional de Israel. ¡Cuánto deseaba la audiencia judía volver a ver esos días - deshacerse de los romanos y ser la nación suprema nuevamente, como los profetas habían dicho que sucedería! Zacarías 14:16: "Todos los que sobrevivan de las naciones que vinieron contra Jerusalén, subirán de año en año para adorar al Rey, al Señor de los ejércitos, y para celebrar la fiesta de los Tabernáculos."

Si los gentiles como la reina de Saba podían ver algo especial, de parte de Dios, y responder a ello, ¿por qué no podían los fariseos? ¿Sería su orgullo en ser los líderes espirituales del pueblo de Dios? O quizá su dependencia de la ley, sustituyendo reglas humanas en lugar de principios divinos, los hizo resentir la insistencia de Cristo en la fe como el medio primario para agradar a Dios. Quizá eso contribuyó a que no reconocieran la validez de sus afirmaciones mesiánicas. Nicodemo era un miembro del Sanedrín; solicitó una investigación judicial adecuada. Sin embargo, cuando Nicodemo cuestionó "¿Juzga acaso nuestra ley a un hombre si primero no lo oye y sabe lo que ha hecho?" Respondieron y le dijeron: "¿Eres tú también galileo? Escudriña y ve que de Galilea nunca se ha levantado un profeta." (Juan 7:51-52). Si hubieran estado dispuestos a hacer la investigación correcta, habrían aprendido que el lugar de nacimiento de Cristo no era Galilea. Era Belén, el pueblo indicado por el profeta Miqueas (5:2) como el lugar de nacimiento del que sería "Señor en Israel; sus orígenes se remontan al inicio de los tiempos, a los días de la eternidad."

Jesús se enfrenta con el orgullo y prejuicios nacionales de las autoridades judías, pero ellas no estaban preparadas a ceder de sus posiciones. En cambio, una lenta instigación de odio hacia Cristo va creciendo. Esto llevó a las autoridades a ordenar el injustificado arresto, tener un juicio ilegal (en la noche), presentando testigos falsos y usar una enorme influencia política sobre el gobernador romano para que consintiera en la ejecución final de Jesús por crucifixión. Podían entonces rechazar a Jesús como un hombre "maldito por Dios", según la ley de Deuteronomio - "Si alguien ha cometido algún crimen digno de muerte, y lo hacéis morir colgado en un madero, no dejaréis que su cuerpo pase la noche sobre el madero; sin falta lo enterrarás el mismo día, porque maldito por Dios es el colgado." (Deuteronomio 21:22-23).

Eventos Finales: María Magdalena se dirige a Cristo como 'Rabboni' y 'Didaskalôs'

El uso final de '*didaskalôs*' del que se tiene registro en los Evangelios viene de los labios de alguien que amaba a Jesús, posiblemente más que nadie. Fue su amiga María Magdalena, de quien Jesús había expulsado siete espíritus malignos (Lucas 8:2), a quien Jesús decidió aparecer primero en su cuerpo resucitado. Ella había llegado a la tumba de Jesús antes que los otros en el primer día de la semana, y había encontrado la piedra movida lejos de la entrada de la tumba. Había ido con "Juana y María, madre de Santiago, y las demás con ellas" (Lucas capítulo 24 versículo 10), pero se había quedado cerca de la tumba vacía después de que Pedro y Juan, quienes habían sido llamados por las mujeres para ver la tumba vacía, hubieran regresado a sus hogares.

Se quedó llorando donde su Señor había sido visto por última vez en forma corporal, envuelto en un sudario, cuando se le aparecieron dos ángeles (Juan 20:12), quienes le preguntaron por qué estaba llorando. Ella les contestó y volteándose a un lado vio a un hombre a quien supuso ser el jardinero, quien repitió la misma pregunta que los ángeles habían hecho: "Mujer, ¿por qué lloras? ¿a quién buscas?"

Cuando pronuncia una palabra más, su nombre "María", todos sus miedos son olvidados y su esperanza interior sale a la superficie en una comprensión gloriosa de la realidad espiritual que está literalmente frente a ella - su Señor y Maestro - resucitado de entre los muertos en forma corporal. Jesús le otorgó a María de Magdala el honor de ser la primera de sus seguidores en verlo y hablar con él en su estado victorioso y resucitado.

"Ella, pensando que era el jardinero, le dijo: "Señor, si tú lo has llevado, dime dónde lo has puesto y yo lo llevaré." Jesús le dijo: "¡María!" Volviéndose ella, le dijo: "¡Raboní! ('*rhabboni*'- que significa 'mi exaltado maestro'), que significa: "Maestro" ('*didaskalôs*')." (Juan 20:15-16). [35]

En esa sociedad no se podía demostrar una expresión más alta de afección, status y honor que el título de Raboní. Grandes rabíes eran conocidos como Raban, por ejemplo, Raban Gamaliel el Mayor (Gamaliel I), un contemporáneo de Cristo. María se dirige a Cristo como su "gran (exaltado) Maestro" - su '*didaskalôs*'.

Conclusión

La Ausencia de Sacrificios Personales y Ofrendas en la Vida de Cristo

Frecuentemente lo que es más difícil de ver en un manuscrito histórico es lo que no es mencionado, en lugar de lo que está claramente presente y por lo tanto abierto a discusión. En un nivel individual, el día más importante en el calendario judío era el Día de Expiación. Sin embargo, ninguno de los cuatro biógrafos de Cristo narra que Jesús haya tomado parte de esa ceremonia.

La Ley de Moisés estableció el requerimiento de que todos los varones judíos adultos debían sacrificar un holocausto en expiación por sus pecados. Levítico 1:1-4: 'Llamó el Señor a Moisés y habló con él desde el Tabernáculo de reunión, diciendo: "Habla a los hijos de Israel y diles: Cuando alguno de entre vosotros presente una ofrenda al Señor, podrá hacerla de ganado vacuno u ovejuno. Si su ofrenda es un holocausto vacuno, ofrecerá un macho sin defecto; lo ofrecerá a la puerta del Tabernáculo de reunión, para que sea aceptado por el Señor. Pondrá su mano sobre la cabeza del holocausto, y le será aceptado como expiación."' Levítico 23:27 nos dice que este era un sacrificio anual que tomaba lugar en el décimo día del séptimo mes. "Expiar" es un concepto hebreo que significa "cubrir", usualmente con la sangre de un sacrificio.[36] A lo largo de las narraciones de los Evangelios, no hay ninguna mención de que Cristo hubiera participado alguna vez en hacer tal ofrenda. El estar sin ningún pecado personal hacía tal ofrenda innecesaria. La ausencia de una ofrenda personal puede explicar los comentarios hechos por los judíos a Jesús en Juan capítulo 8:48: 'Respondieron entonces los judíos, y le dijeron: "¿No decimos bien nosotros, que tú eres samaritano y que tienes demonio?"' Puede haber supuesto que el incumplimiento de Jesús de un holocausto personal significaba que estaba siguiendo el calendario samaritano en lugar del judío.

La situación es inmediatamente después de la Fiesta de los Tabernáculos, (Juan 7:2), la cual comenzaba en el día quinceavo del séptimo mes. (Levítico 23:24). Por lo tanto el Día de Expiación había sido celebrado muy recientemente, pero aparentemente no por Cristo mismo, en lo que se refiere a la ofrenda de un sacrificio por los pecados. En Juan capítulo 8, encontramos a Jesús dirigiéndose a los judíos sobre la naturaleza continua de su tendencia a pecar, de ahí su necesidad de hacer una expiación continua - una necesidad que él mismo no tiene. Juan 8:34: "Jesús les respondió: "De cierto, de cierto os digo que todo aquel que practica el pecado, esclavo es del pecado." Los judíos responden al indicar que en efecto Abraham es el padre de su fe, algo con lo que Jesús está en desacuerdo basado en el hecho que Abraham nunca hubiera querido matarlo. Al contrario, Jesús dice, ¡su padre es en realidad el diablo! Entonces les hace a los judíos una pregunta muy reveladora - "¿Quién de vosotros puede acusarme de pecado?" (Juan 8:46). En otras palabras, "Ninguno de ustedes puede presentar ninguna evidencia sobre mi pecado personal - porque no tengo ninguno." Los judíos responden entonces acusando a Cristo de ser samaritano - no sólo como un insulto, ya que los samaritanos eran despreciados por los judíos, sino también como una razón por la que Cristo no ha celebrado el Día de Expiación en Jerusalén. El pueblo samaritano celebraba el Día de Expiación según un calendario diferente y nunca en Jerusalén.

Fue la afirmación de Cristo de ser capaz de perdonar los pecados y de ser él mismo sin pecado que comenzó a molestar a aquellos quienes hasta entonces lo habían apoyado como Doctor de la ley.

El hecho que Jesús no guardó el Día de Expiación en términos de presentar un holocausto por su pecado puede ser visto en un comentario que Cristo hizo, registrado no en los Evangelios sino en el Libro de Hebreos (una colección de enseñanza circulada entre los judíos dispersos después de la destrucción de Jerusalén), capítulo 10 versículos 5 y 6. "Por lo cual, entrando en el mundo dice: "Sacrificio y ofrenda no quisiste, mas me diste un cuerpo. Holocaustos y expiaciones por el pecado no te agradaron." La afirmación de Cristo sobre su divinidad hacía cualquier ofrenda personal por el pecado una contradicción de términos- no tenía pecado que expiar. La vida de Jesús estaba bajo una rigorosa vigilancia; sin embargo, como se menciona anteriormente, aún podía preguntar a quienes lo oponían, "¿Quién de vosotros puede acusarme de pecado? Y si digo la verdad, ¿por qué vosotros no me creéis?" (Juan 8:46). Jesús llegaría a cumplir su misión de salvación al ofrecerse a sí mismo como la expiación suprema (perfecto y sin pecado), sacrificio por los pecados del mundo, sacrificio que pagaría el castigo del pecado de parte de toda la humanidad, pasada, presente, y futura.

El Patrón de Moisés

Es mi opinión que Jesús siguió el patrón de Moisés. Como Moisés, que sobrevivió la orden del faraón de matar a los bebés varones israelitas, Jesús escapó por poco el ser matado en su infancia. Fue altamente educado, como lo fue Moisés, pero vivió por muchos años en un estado "oculto", con su identidad escondida de aquellos a su alrededor en un lugar de aprendizaje (el Templo), tal como Moisés lo hizo en el palacio del Faraón. Cuando reveló sus verdaderas intenciones, fue rechazado, tal como Moisés lo fue, por los hebreos cuya disputa intentó resolver - "¿Quién te ha puesto a ti por príncipe y juez sobre nosotros?" (Éxodo 2:14).

En el día de Pentecostés el apóstol Pedro le dijo a la multitud en Jerusalén (citando Deuteronomio 18:15): 'Moisés dijo a los padres: "El Señor vuestro Dios os levantará un profeta de entre vuestros hermanos, como a mí; a él oiréis en todas las cosas que os hable."' (Hechos 3:22). Moisés era una persona altamente educada en su propia sociedad. Cristo cumplió esta semejanza con Moisés porque él también venía del pináculo de la vida teológica judía. Como Cristo, Moisés realizó señales asombrosas, pero fue rechazado por las autoridades religiosas de la corte del faraón, quizá con vehemencia aún mayor porque había vivido entre ellos una vez como egipcio y ahora buscaba desestabilizar el reino al liberar a su mano de obra esclava. Sin embargo, fue a la larga usado por Dios para proporcionar la redención del pueblo de Dios. La tarea de Jesús era traer libertad espiritual a aquellos que ponían su confianza en él, no como un carpintero inculto sino como un maestro en la cima de la sociedad teológica y legal judía, un estatus que sirvió para multiplicar la vehemencia de sus oponentes.

¿Qué impacto tiene esto para el día de hoy? Mientras que sus discípulos eran hombres corrientes e incultos, Jesús mismo puede ser visto, una vez más, como una persona altamente educada, alguien en el pináculo mismo de la escolástica teológica judía. Tenía un estatus muy importante en su sociedad, pero se dedicó a modelar un estilo de vida muy diferente a la mayoría de los líderes religiosos de su día. Enfatizó la importancia de una relación personal con Dios a quien se dirigía como "Abá", un término íntimo que significa "papá". Dirigió a sus seguidores hacia su muerte sacrificial como una ofrenda de Pascua, y enfatizó la importancia de su confianza en ésta como medio de salvación, en lugar de confiar simplemente en sus propias buenas obras. Enseñó la importancia de una relación espiritual con él por medio de la venida del Espíritu Santo a quien prometió enviar, en lugar de simplemente una participación en los ritos religiosos de su día. Como Juan (16:13-14) narra que Jesús dijo, "Pero cuando venga el Espíritu de verdad, él os guiará a toda la verdad, porque no hablará por su propia cuenta, sino que hablará todo lo que oiga y os hará saber las cosas que habrán de venir. Él me glorificará, porque tomará de lo mío y os lo hará saber."

Jesús estaba ofreciendo una relación con Dios basada en su propio sacrificio por "el pecado del mundo", sacrificio que llevaría a un encuentro personal con el prometido Espíritu Santo, cuyo título de *paraklêtos* significa alguien quien "vendría al costado a ayudar". [37] Si las narraciones de los Evangelios son leídas desde esta perspectiva, viendo a Jesús con la alta estima que le tenían sus contemporáneos, nueva luz puede ser arrojada sobre las luchas humanas y políticas que tomaron lugar en la vida de la más importante y significativa figura que jamás ha vivido. Los diálogos pueden ser mejor comprendidos entonces desde el punto de vista de las varias audiencias con las que Jesús se relacionaba. Es mi objetivo que este libro lleve a una nueva consideración del lugar de Jesús en la historia y ayude a construir sobre todos los estudios de los manuscritos de los Evangelios que han sucedido anteriormente; que ayude a los hombres y mujeres a poner su confianza en Aquél cuyo sacrificio fue por ellos personalmente. Espero que Jesús, como el hombre que sus discípulos conocían, cobrará más vida en nuestro entendimiento y experiencia como resultado.

Bibliografía

Schweitzer, Albert, *The Quest for the Historical Jesus*, translated by W. Montgomery (A & C Black, London, 1910)

Bess, Johann Jakob, *Geschichte der drei letzten Lebensjahre Jesu.* (Historia de los Últimos Tres Años de la Vida de Jesús.) (Leipzig-Zurich, 1768-1772; 3rd ed., 1774 ff.; 7th ed., 1823 ff)

Paulus, Heinrich Eberhard Gottlob. Das *Leben Jesu als Grundlage einer reinen Geschichte des Urchristentums.* (La Vida de Jesús como Base de una Narración Puramente Histórica del Cristianismo Primitivo.) (Heidelberg, C. Winter, 1828)

Bahrdt, Karl Friedrich, *Briefe uber die Bibel im Volkston. Eine Wochenschrift von einem Prediger auf dem Lande.* (Cartas Populares sobre la Biblia. Un periódico semanal por un pastor campestre.) (J. Fr. Dost, Halle, 1782)

Karl Heinrich Venturini. *Natürliche Geschichte des grossen Propheten von Nazaret.* (Una Historia No-Sobrenatural sobre el Gran Profeta de Nazaret.) (Bethlehem, Copenhagen, 1st ed., 1800-1802)

Strauss, David Friedrich, *Vida de Jesús* (Primera Edición, 1835 y 1836. 2 vols. 1480 pp)

Ratzinger, Joseph (Papa Benedicto XVI), *Jesus de Nazaret*, Traducido por Doubleday en 2007 (Bloomsbury, London, 2008, traducido de la edición alemana, 2006)

Schnackenburg, Rudolf, *Jesús en los Evangelios: Una Cristología Bíblica*. O.C. Dean Jr. (John Knox Press, Louisville, 1995)

Johnson, Luke Timothy, *El Verdadero Jesús - La Búsqueda Equivocada del Jesús Histórico y la Verdad de los Evangelios Tradicionales* (HarperOne, New York, 1996)

Wilson, A N, *Jesús* (W. W. Norton, 1992)

Spong, John Shelby, *Nacido de Una Mujer: Un Obispo Reconsidera el Nacimiento de Jesús* (HarperOne, San Francisco, 1994)

Borg, Marcus, *Jesús, Una Nueva Visión: Espíritu, Cultura y la Vida del Discipulado* (Harper & Row, San Francisco, 1987)

Crossan, John Dominic, *El Jesús Histórico: la Vida de un Campesino Judío del Mediterráneo* (Harper SanFrancisco, 1992)

Hauptman, Judith, *Releyendo la Mishná: Un Nuevo Enfoque a los Antiguos Textos Judíos* (Texts & Studies in Ancient Judaism: Paul Mohr Verlag)

Notas Finales

1. Canónico - Del Latín "vara de medición" - la Escritura
2. Albert Schweitzer, *La Búsqueda del Jesús Histórico*
3. Pablo menciona su físico en su carta, 2 Corintios 10:10
4. Daniel Rops, *La Vida Diaria en los Tiempos de Jesús,* p. 43
5. Ben-Dov, *A la Sombra del Templo*
6. Diccionario de griego y hebreo de Strong
7. *Enciclopedia judía*, Funk & Wagnalls, 1901-1906
8. Diaálogo con Trifo capítulo 88
9. Diccionario de griego y hebreo de Strong
10. Mishná, Tratado Avoth Capítulo 5
11. Diccionario de griego y hebreo de Strong
12. Diccionario Expositorio de Palabras del Antiguo y Nuevo Testamento de Vine
13. *Mishná* se refiere a la colección de "tradiciones" que eran guardadas por algunos de los judíos (por ejemplo, los fariseos) pero no eran parte de la ley escrita del Antiguo Testamento, la Torá.
14. Por ejemplo, como Eliasib hizo para Tobías en las cortes de la casa de Dios, causando que Nehemías arrojara todas las posesiones de Tobías fuera de la habitación - ver Nehemías 13:7-8
15. Diccionario de griego y hebreo de Strong
16. Diccionario Expositorio de Palabras del Antiguo y Nuevo Testamento de Vine
17. Diccionario de griego y hebreo de Strong
18. Diccionario Expositorio de Palabras del Antiguo y Nuevo Testamento de Vine
19. Diccionario de griego y hebreo de Strong
20. Diccionario de griego y hebreo de NASB
21. Diccionario Expositorio de Palabras del Antiguo y Nuevo Testamento de Vine
22. Diccionario Expositorio de Palabras del Antiguo y Nuevo Testamento de Vine
23. Diccionario de griego y hebreo de Strong
24. Felicidad o bendición
25. Diccionario Expositorio de Palabras del Antiguo y Nuevo Testamento de Vine
26. Barclay, William, *Comentario del Evangelio de Juan*, p. 239

[27] Henry, Matthew, *Juan Íntegro 7:14-15 II 1(1)*
[28] Barnes, Albert, *Notas Sobre el Nuevo Testamento*
[29] Edersheim, *Vida y Tiempos de Jesús el Mesías*, Libro 5, 382
[30] Diccionario Expositorio de Palabras del Antiguo y Nuevo Testamento de Vine
[31] Diccionario Expositorio de Palabras del Antiguo y Nuevo Testamento de Vine
[32] Diccionario de griego y hebreo de Strong
[33] Diccionario de griego y hebreo de Strong
[34] Josefo, *Las Guerras de los Judios*, libro 6, capítulo 6, 2 "Ustedes (*los judíos sitiados en Jerusalén*) saún despreciaron cada una de mis propuestas (*de Tito*) y han prendido fuego a su propia casa sagrada con sus propias manos." (*Las palabras en itálicas son mías.*)
[35] Diccionario de griego y hebreo de Strong
[36] Diccionario Expositorio de Palabras del Antiguo y Nuevo Testamento de Vine
[37] Diccionario Expositorio de Palabras del Antiguo y Nuevo Testamento de Vine

www.ingramcontent.com/pod-product-compliance
Lightning Source LLC
Chambersburg PA
CBHW072337300426
44109CB00042B/1653